JN114208

臨床心理士
資格試験問題集5

平成29年～令和元年

公益財団法人 日本臨床心理士資格認定協会 監修

誠信書房

はじめに
——試験問題集５を利用する方々へ

本書は，臨床心理士資格試験問題の一部公開に関する，平成29年度（2017）から令和元年度（2019）までの120題の出題問題とその正答を特集した『臨床心理士資格試験問題集５』として公刊するものです。

この試験問題集は，通称「青本」として親しまれており，これまで，次の４冊が公刊されています。本書はそれに続いて，その後の３年間に公開された問題（解説を含む）をまとめたものです。

『臨床心理士資格試験問題集１』
（平成３年度から平成18年度までの556題を公開）
『臨床心理士資格試験問題集２』
（平成19年度から平成22年度までの162題を公開）
『臨床心理士資格試験問題集３』
（平成23年度から平成25年度までの117題を公開）
『臨床心理士資格試験問題集４』
（平成26年度から平成28年度までの120題を公開）

これに対し，通称「赤本」○○年版としてご利用いただいております『新・臨床心理士になるために』では，臨床心理士に求められる資質の陶冶および臨床心理士養成大学院の最新情報を網羅すると共に，当該年度の受験者に最新の問題（直近の前年度問題）を提供しております。

その結果，臨床心理士資格試験問題の公開された過去問すべてに目を通しておきたいと希望される場合は，青本の『臨床心理士資格試験問題集１』と『同２』，『同３』，『同４』および『同５』（本書）の５冊に，

『新・臨床心理士になるために―令和３年版』（令和３年７月公刊予定）を加えた６冊を求められるとよいことになります。

資格取得のためには，いろいろの準備勉強の資料があろうかと思います。この「青本５」も新たに加えられ，臨床心理士資格取得に向けて頑張られることを祈ります。

なお，本書の監修は，「赤本」ならびに従来の「青本」と同様に，公益財団法人日本臨床心理士資格認定協会の常務理事によるものです。加えて，試験問題（出題）統括委員長，資格審査委員の先生方はじめ，認定協会事務局職員および誠信書房各位の変わらないご尽力によって成るものです。心から感謝の意を表したいと思います。

令和３年５月 10 日

公益財団法人 日本臨床心理士資格認定協会
監修代表　藤原勝紀

目　次

I

試験問題の公表

ここに公表される試験問題は，臨床心理士資格審査試験のうち，一次試験の中核をなすマーク・シート方式による筆記試験の抜粋として，平成 29 年度（2017）から令和元年度（2019）までの３年間に出題された 120 題（40%）と，その正答（解説を含む）を示すものです。

臨床心理士資格試験の一次試験におけるマーク・シート方式試験では，臨床心理学の基礎としての心理学に関する設問 20 問，臨床心理査定 30 問，臨床心理面接 30 問，臨床心理的地域援助および職業倫理等 10 問に加え，これらの領域すべてを含む総合問題 10 問，計 100 問がおおよその出題傾向となっています。

以下に各年度の得点分布・平均点と解答方式も例示しておきます。

なお，平成３年度（1991）から平成 28 年度（2016）までの公開問題は既刊の『臨床心理士資格試験問題集１』および『同２』『同３』『同４』で，令和２年度（2020）の公開問題は『新・臨床心理士になるために』（2021 年６月公刊予定）をご参照ください。

年　度	得点分布	平均
平成 3 年度（1991）	89 ～ 58 点	70.6 点
平成 4 年度（1992）	80 ～ 40 点	61.4 点
平成 5 年度（1993）	82 ～ 45 点	61.4 点
平成 6 年度（1994）	76 ～ 38 点	60.5 点
平成 7 年度（1995）	80 ～ 29 点	58.9 点
平成 8 年度（1996）	73 ～ 30 点	53.0 点
平成 9 年度（1997）	80 ～ 27 点	56.3 点
平成 10 年度（1998）	78 ～ 27 点	55.6 点
平成 11 年度（1999）	77 ～ 27 点	55.7 点
平成 12 年度（2000）	78 ～ 19 点	55.0 点
平成 13 年度（2001）	68 ～ 23 点	48.2 点
平成 14 年度（2002）	82 ～ 20 点	60.0 点
平成 15 年度（2003）	81 ～ 21 点	57.4 点
平成 16 年度（2004）	73 ～ 23 点	52.8 点
平成 17 年度（2005）	79 ～ 26 点	55.4 点
平成 18 年度（2006）	89 ～ 22 点	67.2 点

平成 19 年度（2007）	85 ～ 30 点	60.3 点
平成 20 年度（2008）	82 ～ 30 点	60.9 点
平成 21 年度（2009）	86 ～ 19 点	59.5 点
平成 22 年度（2010）	84 ～ 27 点	62.1 点
平成 23 年度（2011）	83 ～ 23 点	60.2 点
平成 24 年度（2012）	88 ～ 26 点	64.4 点
平成 25 年度（2013）	85 ～ 25 点	60.2 点
平成 26 年度（2014）	86 ～ 26 点	62.8 点
平成 27 年度（2015）	88 ～ 31 点	60.9 点
平成 28 年度（2016）	86 ～ 27 点	60.7 点
平成 29 年度（2017）	85 ～ 25 点	60.4 点
平成 30 年度（2018）	90 ～ 29 点	63.0 点
令和 元 年度（2019）	85 ～ 22 点	61.4 点
令和 2 年度（2020）	88 ～ 29 点	66.9 点

解答方法

1）問題は解答を一つ求める形式になっています。正答と思うものを，解答用紙の問題番号と同じ番号の「解答欄」に解答してください。正答と思う記号をａ，ｂ，ｃ，ｄ，ｅの中から一つ選んで，次の例にならって塗りつぶしてください。

（例　正答がｃと思う場合）

問題	解　答　欄
1	ⓐ　ⓑ　●　ⓓ　ⓔ

2）採点は光学式読取装置によって行いますので，解答用紙への解答はHBの鉛筆（シャープペンシルは使用できません）を使用し，枠外にはみ出さないように濃く塗りつぶしてください。塗りつぶし方がまずいと，解答したことになりませんので，注意してください。

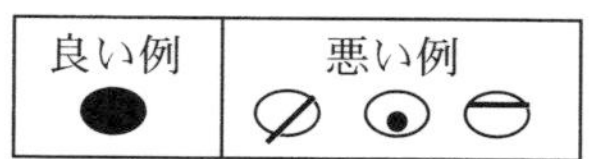

3）一度解答したところを訂正する場合は，消しゴムで，消し残しのないように完全に消してください。 鉛筆の跡が残ったり，×のような消し方などをした場合は，訂正または解答したことになりませんので，注意してください。

平成 29 年度試験問題

問題 1

次の心理学に関する用語とそれに関連する人物の組み合わせの中から，正しいものを一つ選びなさい。

a．心理クリニック ―――――――― Watson, J. B.
b．クライエント中心療法 ――― Freud, S.
c．夢判断 ―――――――――――― Rogers, C. R.
d．行動主義 ―――――――――― Witmer, L.
e．二重拘束説 ――――――――― Bateson, G.

問題 4

認知バイアスに関する次の記述のうち，正しいものに○，誤っているものに×をつけた場合，下のａ～ｅの組み合わせの中から，正しいものを一つ選びなさい。

A．車より飛行機に乗ることの方が危険だと思う傾向は，利用可能性（可用性）バイアスによるものである。
B．正夢を見たと思うのは，確証バイアスによるものである。
C．自国民の方が外国人よりも正直で誠実だと思うのは，後知恵バイアスによるものである。
D．避難警報が発令されても人々が避難しようとしないのは，正常性バイアスが背景にある。

（組み合わせ）

	A	B	C	D
a．	○	×	○	×
b．	×	○	×	×
c．	○	○	×	○
d．	×	×	○	○
e．	○	○	○	×

問題６

Freud, S. の心の構造理論に関する次の記述のうち，正しいものの組み合わせを下のａ～ｅの中から一つ選びなさい。

A．心を，自我，超自我，エスの３つの領域に分け，相互関係を明らかにした。
B．自我は，外界，超自我，エスとの間を調和させようとしている。
C．超自我は，エスに対して行動の規範を突き付け，直接にエスを従わせようとする。
D．エスは，自我によって常にコントロールされている。

（組み合わせ）
a．A　B
b．A　C
c．B　C
d．B　D
e．C　D

問題9

次の文章の空欄〔A　B　C　D〕に該当する語句として，下のａ～ｅの組み合わせの中から，正しいものを一つ選びなさい。

［　A　］説によれば，情動体験は，自律神経系の覚醒といった身体的変化の後，生じるとした。一方，［　B　］説では，情動刺激を知覚することで視床が賦活され，情動体験や生理的変化をもたらすとした。［　C　］の認知的ラベリング理論では，情動が体験されるためには，高い生理的覚醒とそれに対する情動的解釈が必要であるとした。一方，［　D　］は感情の生起には認知的評価を必要とし，認知-動機づけ関係理論を提唱した。

(組み合わせ)

	A	B	C	D
ａ．	James-Lange	Cannon-Bard	Lazarus, R. S.	Schachter-Singer
ｂ．	Cannon-Bard	James-Lange	Schachter-Singer	Lazarus, R. S.
ｃ．	Lazarus, R. S.	Cannon-Bard	Schachter-Singer	James-Lange
ｄ．	Cannon-Bard	James-Lange	Lazarus, R. S.	Schachter-Singer
ｅ．	James-Lange	Cannon-Bard	Schachter-Singer	Lazarus, R. S.

問題11

次の文章の空欄〔A　B　C　D〕に該当する語句として，下のａ～ｅの組み合わせの中から，正しいものを一つ選びなさい。

てんかん発作の症状をやわらげるために海馬を含む［　A　］の内側を切除された患者は，術後，新しい事柄の記憶ができない［　B　］を発症した。鏡映描写課題を行うとその成績は日々向上したにもかかわらず，課題のことは覚えていなかった。つまり［C］は形成された一方で，［D］は形成されなかった。

（組み合わせ）

	A	B	C	D
a．	前頭葉	前向健忘	作業記憶	宣言的記憶
b．	側頭葉	逆向健忘	手続き記憶	宣言的記憶
c．	前頭葉	前向健忘	作業記憶	非宣言的記憶
d．	側頭葉	前向健忘	手続き記憶	宣言的記憶
e．	前頭葉	逆向健忘	手続き記憶	非宣言的記憶

問題 12

テストの信頼性と妥当性に関する次の記述のうち，正しいものに○，誤っているものに×をつけた場合，下のａ～ｅの組み合わせの中から，正しいものを一つ選びなさい。

A．知能の差を知るために脳の体積を測定した場合，測定値の信頼性は高いが妥当性は低いといえる。

B．クロンバックのα係数とは，テストを複数の平行テストに分けて実施し，テスト自体の妥当性を推定する値である。

C．ある適性検査の高得点者が実際の業務において優れた業績をあげたとき，その適性検査は基準関連妥当性があるといえる。

D．集団差があると予測される２グループに対してテスト得点に差が生じたとき，そのテストの信頼性は高いが，妥当性は低いといえる。

（組み合わせ）

	A	B	C	D
a．	○	×	○	×
b．	○	○	×	○
c．	○	×	○	○
d．	×	○	×	○
e．	×	○	○	×

問題 14

統合失調症におけるドーパミン仮説に関連する次の記述のうち，正しいものに○，誤っているものに×をつけた場合，下のａ～ｅの組み合わせの中から，正しいものを一つ選びなさい。

A．中脳辺縁系で，ドーパミンが過剰に放出されると陽性症状が現れる。

B．中脳皮質系で，ドーパミン分泌機能が低下すると陰性症状が現れる。

C．神経伝達物質であるドーパミンは快情動に関与し，報酬効果をもつ。

D．抗精神病薬は，中脳辺縁系のドーパミン D_2 受容体結合を促進させる。

（組み合わせ）

	A	B	C	D
a．	○	○	○	×
b．	○	○	×	○
c．	○	×	○	×
d．	×	○	×	○
e．	×	×	○	○

問題 18

次の文章の空欄〔A　B　C　D〕に該当する語句として，下のａ～ｅの組み合わせの中から，正しいものを一つ選びなさい。

Bowlby, J. は［　A　］であったが，［　B　］やシステム理論などの考え方も柔軟に取り入れ，乳幼児の［　C　］や欲動だけではなく，［　D　］の母子関係の理論を構築した。

（組み合わせ）

	A	B	C	D
a．	行動療法家	対象関係論	幻想	現実
b．	精神分析家	対象関係論	空想	幻想
c．	行動療法家	動物行動学	空想	幻想
d．	精神分析家	動物行動学	幻想	現実
e．	行動療法家	動物行動学	幻想	現実

問題 21

心理検査に関する次の記述のうち，正しいものに○，誤っているものに×をつけた場合，下のａ～ｅの組み合わせの中から，正しいものを一つ選びなさい。

A．知能検査において算出されたIQ値などの合成変数は，被検査者の真の知能そのものと理解することができる。
B．折半法は，心理検査の信頼性を時間的安定性の観点から検証する手法の一つである。
C．MMPI のＬ尺度は，故意に自分を好ましく見せようとする受検態度の検出を目的に作成されている。
D．ロールシャッハ・テストにおける各指標は，全体の反応数の多少にかかわらず，常に一定した被検査者の心理特性を反映する。

（組み合わせ）

	A	B	C	D
a．	○	○	×	×
b．	○	×	○	○
c．	×	○	○	○
d．	×	×	○	×
e．	○	×	×	○

問題 23

ロールシャッハ・テストに関する次の記述の中から，正しいものを一つ選びなさい。

ａ．形態水準の著しい低下は，認知や思考の重度な障害に関連する。
ｂ．有彩色図版は，Ⅱ，Ⅲ，Ⅳ，Ⅸ，Ⅹの５枚である。
ｃ．Ｐ反応は，図版ごとに一つずつ想定されている。

d．「女の人が寝そべっている」という反応は，Ｆとスコアする。

e．本検査は，被検査者の無意識の葛藤を明らかにする目的でつくられた。

問題 26

パーソナリティ検査における，一般常識的なものの見方や行動傾向を示す指標に関する次の記述のうち，正しいものの組み合わせを下のａ～ｅの中から一つ選びなさい。

Ａ．ロールシャッハ・テストの「Ｐ反応」

Ｂ．P-F スタディの「GCR」

Ｃ．MMPI の「Ｆ尺度」

Ｄ．YG 性格検査の「Ｇ尺度」

（組み合わせ）

ａ．Ａ　Ｂ

ｂ．Ａ　Ｃ

ｃ．Ｂ　Ｃ

ｄ．Ｂ　Ｄ

ｅ．Ｃ　Ｄ

問題 29

児童のアセスメントに関する次の記述のうち，正しいものに○，誤っているものに×をつけた場合，下のａ～ｅの組み合わせの中から，正しいものを一つ選びなさい。

A．暴力や対人関係にトラブルのある児童の事例では，P-F スタディを用いて欲求不満反応パターンを把握するのが有効である。

B．言語能力の影響を受けやすい SCT は児童には適用せず，バウムテストなど非言語的なアセスメントを用いるのがよい。

C．ロールシャッハ・テストを児童に実施する場合，平均値や反応内容に関して成人と差異があることを意識して解釈を行う。

D．自己表現が十分でない児童の場合は，親や教師による行動評価尺度を併用するのが有効である。

（組み合わせ）

	A	B	C	D
a．	×	○	○	○
b．	○	×	×	○
c．	×	○	×	○
d．	○	○	○	×
e．	○	×	○	○

問題 30

MMPI に関する次の記述の中から，正しいものを一つ選びなさい。

a．妥当性尺度は，L，F，K の３つである。

b．プロフィールの右側の尺度群が左側の尺度群に対して相対的に高いとき，「神経症の傾き」と呼ぶ。

c．質問項目への回答は，「はい」から「いいえ」までの５段階評定による。

d．MMPI の質問項目を使って Taylor, J. A. が新たに作った不安尺度は，STAI である。

e．臨床尺度は，健常者群と精神病理群との間で有意差があった項目に基づいて構成されている。

問題 31

質問紙法に関する次の記述のうち，特定のパーソナリティ理論に拠っている，あるいは関連をもつものに○，そうでないものに×をつけた場合，下のａ～ｅの組み合わせの中から，正しいものを一つ選びなさい。

A．MMPI
B．YG 性格検査
C．MPI
D．TEG-Ⅱ

（組み合わせ）

	A	B	C	D
a．	○	○	○	×
b．	○	○	×	×
c．	×	○	×	○
d．	×	×	○	○
e．	○	×	○	○

問題 32

思考の障害に関する次の記述のうち，正しいものの組み合わせを下のａ～ｅの中から一つ選びなさい。

A．観念がとめどなくわいてきて，話題が次々に変転することを「観念奔逸」という。

B．「観念奔逸」は，しばしば躁状態に認められる。

C．連想が突然止まってしまい，頭が空白状態となることを「思考制止」という。

D．「思考制止」は，しばしば統合失調症に認められる。

（組み合わせ）

a．A　B

b．A　C

c．B　C

d．B　D

e．C　D

事例問題

次の事例を読んで，**問題 35** から**問題 37** の設問に答えなさい。

【事例】

会社員Ａさん（男性，38 歳）は，１年前に課長となった。会社の業績不振にともなう人員削減の中，社内の人間関係が複雑化し，上司と部下の狭間に立たされたＡさんは次第に食欲不振，睡眠障害，意欲減退などの抑うつ状態に陥った。薬物療法を受け３カ月休養後，Ａさんは産業医の面談を受けた。産業医はＡさんの復職は時期尚早と判断し，通院先クリニックでの心理検査の受検とリワークプログラムへの参加を勧め，Ａさんも了解した。クリニックの臨床心理士は，Ａさんに以下の心理検査を実施した。その結果を，Ａさんやリワークのスタッフおよび職場の産業医をはじめとする健康管理センターのスタッフへ伝えた。

【WAIS-Ⅲ】
全検査IQ：112，言語性IQ：115，動作性IQ：105，言語理解：112，知覚統合：106，作動記憶：113，処理速度：84
処理速度＜言語理解，知覚統合，作動記憶（５％水準で有意差）

【ロールシャッハ・テスト】
反応数 =15，全体反応が少なく部分反応が多い。現実吟味力はさほど悪くはないが，平凡反応が多く（７個），人間運動反応はなく，動物反応が多い。一方，無彩色，有彩色とも色彩刺激への反応性が高い。

問題 35（事例問題）

Ａさんの WAIS-Ⅲの結果に関する次の記述のうち，正しいものに○，誤っているものに×をつけた場合，下のａ～ｅの組み合わせの中から，正しいものを一つ選びなさい。

Ａ．能力的に優秀で，知的なバランスはよい。
Ｂ．現在，作業効率が低下している可能性がある。
Ｃ．処理速度の低下は，流動性推理力の減退による。
Ｄ．素早い対応は苦手だが，情報を見落とさず認識し言語化していく力は保たれている。

（組み合わせ）

	A	B	C	D
a．	○	○	○	×
b．	○	×	×	○
c．	×	○	×	○
d．	○	×	○	×
e．	×	○	○	○

問題 36（事例問題）

Aさんのロールシャッハ・テストの結果に関する次の記述のうち，正しいものに○，誤っているものに×をつけた場合，下のa～eの組み合わせの中から，正しいものを一つ選びなさい。

A．周囲の求めに合わせた対応は可能だが，主体的に考えることが苦手である。

B．常識的な判断がしづらいため，社会適応が難しい。

C．思考が平板化しており，物事のとらえ方は紋切型である。

D．体験型が内向型であるため，自己主張を優先しやすく，周囲への気配りがおろそかになる。

（組み合わせ）

	A	B	C	D
a．	○	○	○	×
b．	○	×	×	○
c．	×	×	×	○
d．	×	○	○	×
e．	○	×	○	×

問題 37（事例問題）

Ａさんへの臨床心理士の対応に関する次の記述のうち，適切なものに○，適切でないものに×をつけた場合，下のａ～ｅの組み合わせの中から，正しいものを一つ選びなさい。

Ａ．リワークプログラムは，出社時と同じタイムスケジュールで疑似的にオフィスワークを行うので，睡眠障害のあるＡさんには難しく，勧めない方がよい。
Ｂ．集団での話し合いのプログラムでＡさんは一生懸命表現する可能性が高いが，スタッフの価値観に合わせている可能性もあることに留意した方がよい。
Ｃ．産業領域における相談活動では，個人の内的世界を重視する視点と，効率を重視する企業の価値観を理解する視点の両方をもつ必要がある。
Ｄ．Ａさんの問題点を職場に伝えることは，復職に不利になるので控えた方がよい。

（組み合わせ）

	Ａ	Ｂ	Ｃ	Ｄ
ａ．	×	×	○	×
ｂ．	○	○	×	○
ｃ．	○	×	○	○
ｄ．	×	○	○	×
ｅ．	×	×	○	○

問題 39

TAT に関する次の記述のうち，正しいものの組み合わせを下のａ～

e の中から一つ選びなさい。

A．TAT は，提示された 4 枚 1 組の絵を見たうえで，その 4 つの場面をまとめて一つの物語として答えていく検査である。
B．TAT は，Murray, H. A. が中心になって作成した投映法の検査である。
C．TAT の解釈は，各反応についてアグレッションの方向と型を特定することから始める。
D．Bellak, L. は，子ども用の TAT として，動物を主体とした絵刺激からなる CAT を作成した。

（組み合わせ）
a．A　B
b．A　D
c．B　C
d．B　D
e．C　D

問題 44

心理アセスメントを活用する際の倫理に関する次の記述のうち，適切なものに○，適切でないものに×をつけた場合，下の a ～ e の組み合わせの中から，正しいものを一つ選びなさい。

A．地域援助の一環として行うメンタルヘルスのセミナーのために，ロールシャッハ・テストの図版を掲載したポスターを作製した。
B．MMPI よりも MMPI-2 の方が版が新しく，得られる情報量も多いので，自分で MMPI-2 を翻訳して臨床場面で使用している。

C．心理検査を実施する際には，いかなる対象者であっても，何らかのかたちで説明と同意を得ている。

D．100 人を対象とした研究調査を行うために，自分の判断で BDI-Ⅱを 100 部印刷して使用した。

（組み合わせ）

	A	B	C	D
a．	○	○	×	○
b．	○	×	○	×
c．	×	×	○	×
d．	×	×	×	○
e．	×	○	×	○

問題 46

質問紙法に関する次の記述のうち，正しいものに○，誤っているものに×をつけた場合，下の a ～ e の組み合わせの中から，正しいものを一つ選びなさい。

A．YG 性格検査には，思考障害を測定する尺度が含まれている。

B．MMPI では，自我の強さ尺度（Es），社会的内向尺度（Si）などの追加尺度が用意されている。

C．MPI には，外向性と神経症傾向が測定できる尺度がある。

D．STAI には，顕在性不安と潜在性不安を測定する２つの尺度がある。

（組み合わせ）

	A	B	C	D
a．	×	○	○	×
b．	×	×	○	×
c．	○	×	×	○
d．	×	×	×	○
e．	○	○	×	×

問題 47

描画法テストに関する次の記述のうち，正しいものに○，誤っているものに×をつけた場合，下のａ～ｅの組み合わせの中から，正しいものを一つ選びなさい。

A．バウムテストの解釈では，Grünwald, M. の空間図式が適用される。

B．人物画テストにおいて，頭足人（頭・顔から直接足が生えた絵）は，幼児の初期の描画に現れる特徴である。

C．ヴィトゲンシュタイン指数（Wittgenstein-Index）によって，心的外傷の時期を推定できる。

D．描画法テストでは，描画後の質問（Post Drawing Interrogation）が重視される。

（組み合わせ）

	A	B	C	D
a．	○	×	○	×
b．	○	○	○	○
c．	○	×	×	○
d．	×	○	○	×
e．	×	×	×	×

問題 48

次の文章の空欄〔A　B　C　D〕に該当する語句として，下のａ～ｅの組み合わせの中から，正しいものを一つ選びなさい。

成人のアタッチメントを測定するアダルト・アタッチメント・インタビューにおいて［ A ］型に分類される成人は，自らの幼少期について非常に短い肯定的な説明をするが，その肯定的な考えを支持するエピソードをあげることができない。［ B ］型に分類される成人は，虐待やトラウマについて質問されると，思考の誤りを示す。［ C ］型に分類される成人は，一貫した語りを示し，自分の人生を内省する能力がある。［ D ］型に分類される成人は，詳細な長い語りを示し，親に対する怒りを現すことがある。

（組み合わせ）

	A	B	C	D
a．	安定-自律	未解決	とらわれ	軽視
b．	軽視	とらわれ	安定-自律	未解決
c．	軽視	安定-自律	未解決	とらわれ
d．	とらわれ	軽視	安定-自律	未解決
e．	軽視	未解決	安定-自律	とらわれ

問題 59

次の文章の空欄〔A　B　C　D〕に該当する語句として，下のａ～ｅの組み合わせの中から，正しいものを一つ選びなさい。

逆転移については，初期の精神分析においてはセラピストの個人的なコンプレックスの問題とされ，セラピストは逆転移に影響されず，クライエントに対してなるべく［　A　］を維持することが重要とされてきた。しかし，現在において，逆転移はセラピストに影響を与える［　B　］として理解されるようになった。そのため，クライエントの［　C　］された情緒を対人的な相互作用の中で受けとめ，クライエントが体験できる形に修正し，解釈によって再びクライエントに取り入れられると考えられるようになった。このプロセスを Bion, W. は［　D　］という言葉で概念化した。

（組み合わせ）

	A	B	C	D
a．	陽性転移	投影同一化（視）	歪曲	コンテイニング
b．	中立性	取り入れ同一化（視）	スプリット	ホールディング
c．	陽性転移	取り入れ同一化（視）	歪曲	コンテイニング
d．	中立性	投影同一化（視）	スプリット	コンテイニング
e．	中立性	投影同一化（視）	歪曲	ホールディング

問題 62

Rogers, C. R. の論文「セラピーによるパーソナリティ変化の必要にして十分な条件」（1957）に関する次の記述のうち，正しいものに○，誤っているものに×をつけた場合，下のａ～ｅの組み合わせの中から，正しいものを一つ選びなさい。

A．セラピストが自己一致しているとは，自分自身の感情をクライエントに，できるだけはっきりと全部伝えるということである。
B．感情の反射という技術は，セラピストの感受性豊かな共感と無条件の肯定的配慮を伝えるチャンネルとなっているならば役に立つ。
C．完全な無条件の肯定的配慮は理論的にしか存在しないものであり，実際には，効果的なセラピストもときには条件付きの肯定的配慮を経験する。
D．クライエントに対するセラピストの受容と共感を，クライエント自身が必ずしも知覚している必要はない。

（組み合わせ）

	A	B	C	D
a．	×	○	○	○
b．	○	○	×	×
c．	○	×	×	○
d．	×	○	○	×
e．	○	×	○	○

問題66

内観療法に関する次の記述のうち，正しいものに○，誤っているものに×をつけた場合，下のａ～ｅの組み合わせの中から，正しいものを一つ選びなさい。

Ａ．内観療法の「内観」という言葉は，白隠禅師の「内観法」からヒントを得て命名されたものであり，禅宗的な修養法に由来する。
Ｂ．内観療法では，母や父，兄弟姉妹，配偶者などと自分とのかかわりについて，内観三項目（世話・返し・迷惑）の課題にそって省みて調べていく。
Ｃ．内観療法は日本生まれであるが，中国や韓国などアジアのみならず，欧米の人たちにも受け入れられている。
Ｄ．内観療法では，「症状不問」が一つの特徴であり，侵襲性も低く，健康な人から精神病水準の人まで，幅広い対象者に実施可能である。

（組み合わせ）

	A	B	C	D
a．	○	○	×	○
b．	×	×	○	○
c．	○	×	×	○
d．	○	○	×	×
e．	×	○	○	×

事例問題

次の事例を読んで，**問題 67** から**問題 70** の設問に答えなさい。

【事例】

Gさんは30歳代の女性である。20歳代後半，失恋をきっかけに迫害妄想を抱くようになり，徘徊行為などの頻発と意思疎通の困難さから精神科への入院に至り，統合失調症と診断された。その後，一定の状態安定が認められ，外来での通院治療に移行した。妄想は残っているものの，当初に比べて穏やかなものになり，自宅で比較的安定して過ごせるようになった段階で，本人の希望と，主治医の判断により，院内の臨床心理士が心理療法を担当することとなった。

初回面接では，心理療法を受けるに至った経緯が語られたが，抽象的なレベルで語られるにとどまり，具体的な事実やエピソードはほとんど語られなかった。また，心理療法を希望する理由については，「そろそろ社会復帰したいが，いざ，したいことを少し始めてみると，すぐに疲れてしまい，ごく短時間しかできない。しかも，その後しばらく寝込んでしまうので，どうにかしたい」とのことであった。

問題 67（事例問題）

Gさんは，現病歴について具体的な事実やエピソードをほとんど語らなかった。

この際の臨床心理士の考え方や対応に関する次の記述のうち，適切なものに○，適切でないものに×をつけた場合，下のa～eの組み合わせの中から，正しいものを一つ選びなさい。

A．心的問題の性質を理解するためには，発症時の状況などの事実関係を明らかにすることが重要であるので，本人に確認する必要がある。

B．家族から聴き取りをする場合は，クライエントから見た“迫害者”側に臨床心理士が加担していると認識される可能性があることに留意する。

C．発症時の状況を想起させることは治療的でないが，クライエントの方から話し始めたら，受けて聴くべきである。

D．本人にとって，発症時の状況そのものを言語的に語るのが困難であれば，描画などで非言語的に表現させる方がよい。

（組み合わせ）

	A	B	C	D
a．	×	×	○	○
b．	○	○	×	×
c．	×	○	○	×
d．	○	×	×	○
e．	×	○	○	○

問題 68（事例問題）

Ｇさんが語った心理療法を希望する理由に対して，臨床心理士としてどのように考え，対応していくのがよいか。次の記述のうち，適切なものに○，適切でないものに×をつけた場合，下のａ～ｅの組み合わせの中から，正しいものを一つ選びなさい。

Ａ．外的な世界に出て行けないのは，内面の問題に向き合えていないからだと考えられるため，意識から追いやっている無意識内容に自我を関与させていく作業が不可欠である。

Ｂ．新しいことに心身を慣らす必要があり，何かをした後で疲れても，寝込まないように努力させることが必要である。

Ｃ．どのようなことを求めてどのような活動を行い，どの程度行うとどれくらい疲れるのか，本人が語る範囲で把握していくことが重要である。

Ｄ．「したい」ことが普段の生活の中で支障なく行えるようになりたいという本人のニーズを，できるだけ早く達成できることが面接の中心目的である。

（組み合わせ）

	Ａ	Ｂ	Ｃ	Ｄ
ａ．	○	○	×	×
ｂ．	×	×	○	×
ｃ．	○	○	×	○
ｄ．	○	×	○	○
ｅ．	×	×	○	○

問題 69（事例問題）

心理療法を開始した時点では，Ｇさんの妄想は，かつてよりも落ち着いてきたものの，いまだ残っている状態であった。この点に関し，どのように考え対応していくのがよいか。次の記述のうち，最も適切なものの組み合わせを下のａ～ｅの中から一つ選びなさい。

Ａ．妄想が収束の方向にあるので，妄想を一つひとつ修正していく必要がある。

Ｂ．妄想が語られるときは，どの段階においても，表面的に受け流しておく方がよい。

Ｃ．妄想について，本人にとってはそう感じられているという心的現実そのものは，否定しない方がよい。

Ｄ．妄想の語りの背後にある，本人の置かれている心的状況や感情を汲み取ることが重要である。

（組み合わせ）

ａ．Ａ　Ｂ
ｂ．Ａ　Ｃ
ｃ．Ｂ　Ｃ
ｄ．Ｂ　Ｄ
ｅ．Ｃ　Ｄ

問題 70（事例問題）

Ｇさんのような妄想をもつ統合失調症のクライエントとの心理療法面接においては，どのような方針が適切と考えられるか。次の記述のうち，適切なものに○，適切でないものに×をつけた場合，下のａ～ｅの組み合わせの中から，正しいものを一つ選びなさい。

A．クライエントの妄想に臨床心理士自身の感情が強く動かされてしまう可能性を考慮し，自らの受けとめ方や言動に留意する。
B．クライエントの生活上の多くの問題は妄想の症状に起因するので，妄想に焦点づけて話し合う。
C．話題があちこちそれる場合も，底に一貫して流れているテーマを受けとめるよう心がける。
D．統合失調症をもつクライエントが抱きやすい焦燥感に留意し，心身の余裕の程度を把握する。

（組み合わせ）

	A	B	C	D
a．	○	○	○	×
b．	○	×	×	○
c．	×	×	○	○
d．	×	○	×	×
e．	○	×	○	○

問題 71

TEACCH プログラムに関する次の記述のうち，正しいものに○，誤っているものに×をつけた場合，下の a ～ e の組み合わせの中から，正しいものを一つ選びなさい。

A．TEACCH プログラムが目指すのは，自閉症の医学・心理学的な治癒である。
B．TEACCH プログラムでは，同一の場所を多目的（学習・作業・食事・遊びなど）に用いて指導・支援する。
C．TEACCH プログラムは，スペシャリストであることを超えて，ジェネラリストとして療育にかかわっていくプログラムである。

D．自閉症の人々の多くは，耳から理解するよりも目で理解する方が優れているため，TEACCH プログラムでは視覚的支援を多用する。

（組み合わせ）

	A	B	C	D
a．	○	○	×	○
b．	○	×	×	○
c．	○	×	×	×
d．	×	×	○	○
e．	×	○	○	×

事例問題

次の事例を読んで，**問題 72** から**問題 74** の設問に答えなさい。

【事例】

Hさん（5歳，男児）は，かかりつけの小児科からの紹介で大学病院を受診し，検査の結果，遺伝性疾患であると診断された。担当医から両親に，病名や病状が説明され，常染色体優性の遺伝性疾患であること，現状では治療の必要はないが思春期以降に病状が変化する可能性があること，半年から1年の単位で定期的に受診する必要があると伝えられた。

両親とHさんの兄（11 歳）も検査を受けることが勧められ，検査の結果，Hさんは突然変異による発症であることがわかった。この説明は，母親一人で受けた。

帰宅した母親は，Hさんに不安を抱かせてはいけないと思いながらも，Hさんの前で涙が溢れてしまう。Hさんと兄が就寝した後，母親は父親に担当医から受けた説明を伝えるも，どこか伝わらない感じを抱く。その後，日常生活を送る中で，母親は，Hさんの将来について心配なことが次々に頭に浮かび，頻繁に，担当医に問い合わせしないと落ち着かないようになる。こうした母親の不安定な様子に，担当医から臨床心理士介入の依頼があり，母親も希望したため，カウンセリングの場が設定された。

問題 72（事例問題）

初回面接の際の臨床心理士の対応に関する次の記述のうち，適切なものに○，適切でないものに×をつけた場合，下のａ～ｅの組み合わせの中から，正しいものを一つ選びなさい。

A．両親での問題共有が必要なため，両親で来談するように，との事前連絡を担当医に依頼する。

B．母親の不安定さをアセスメントするために，心理検査を実施する。

C．臨床心理士は，母親の気持ちに共感するために，Hさんの疾患について，母親が聞いた説明と同じ内容を担当医から聞くにとどめる。

D．臨床心理士は，病院内でのカウンセリングの枠組み（時間・場所・料金・頻度）を説明し，必要な場合は，外部の施設を紹介する。

（組み合わせ）

	A	B	C	D
a．	×	○	×	○
b．	○	×	×	×
c．	○	○	○	×
d．	×	×	×	○
e．	×	×	○	○

問題 73（事例問題）

母親は，担当医からの説明により，病気についての疑問はその都度解消できているが，「Hに対して，申し訳ない気持ちでいっぱい。私ら（両親，兄）は大丈夫だったのに，Hだけ…という思いが頭から離れない。Hに病気のことをどう伝えたらよいのかわからない。治療が必要となるまで言わなくてもよいかな。でも…」と，Hさんとの間で病気のことを話題にする難しさを語る。

本事例において，子どもに病気や遺伝について伝える際に留意すべきことに関する次の記述のうち，適切なものに○，適切でないものに×をつけた場合，下のａ～ｅの組み合わせの中から，正しいものを一つ選びなさい。

Ａ．親の受けとめ方が子どもへの伝え方に大きく影響するため，母親の不安を受けとめることが重要である。
Ｂ．兄がHさんよりも先にHさんの病気について親に尋ねてくる可能性があり，兄の理解力や発達段階を考慮して対応を考える。
Ｃ．家族が同席して，担当医から子どもに客観的事実を告げる。
Ｄ．５歳児には意思決定に参加する能力がまだ乏しいため，子どもの守られる権利により，親と担当医など大人の判断を優先する。

（組み合わせ）

	A	B	C	D
a．	×	○	×	○
b．	○	×	×	○
c．	○	○	×	×
d．	○	×	○	○
e．	×	×	○	×

問題 74（事例問題）

母親は，Ｈさんに対して，不憫に思って甘やかしたり，生きていくためには強くなる必要があると厳しく接したり，一貫した態度が取れていないことに葛藤を抱えていた。そのような中で，Ｈさんは，隔週の頻度で病院に通う母親に，「一緒に行く」とついて来て，待合室で本を読んで待つようになる。臨床心理士は，母親と話し合ったうえで，担当医ら病院スタッフに相談し，Ｈさんへのプレイセラピーを提案した。担当臨床心理士は，母親担当と別である。

Ｈさんのプレイセラピーに関する次の記述のうち，適切なものの組み合わせを下のａ～ｅの中から一つ選びなさい。

Ａ．Ｈさんの心理的問題を把握するために，非言語的表現媒体である描画や箱庭をするように促すことが重要である。

Ｂ．Ｈさんから病気について質問されたときには，臨床心理士は，Ｈさんの気持ちに寄り添いながら，必要な情報提供を行えるよう準備する。

Ｃ．母親は，面接室から出てくるときに涙で目を腫らしていることが多いため，Ｈさんのセッションは，母親より後に終わるように配慮する。

D．臨床心理士は，初回面接において，来談についてのＨさんの気持ちを問いかけ，プレイセラピーにおける目的を共有しようとする。

（組み合わせ）

a．A　C
b．A　D
c．B　C
d．B　D
e．C　D

問題 76

解決志向アプローチの心理療法に関する次の記述のうち，正しいものに○，誤っているものに×をつけた場合，下のａ～ｅの組み合わせの中から，正しいものを一つ選びなさい。

A．ミラクル・クエスチョンを用いて，解決を想像させる。
B．オープン・クエスチョンを用いて，解決イメージを探索する。
C．例外の質問をして，問題のない状態をコンプリメントする。
D．スケーリング・クエスチョンをして，解決の今後の見通しを得る。

（組み合わせ）

	A	B	C	D
a．	○	○	×	×
b．	○	○	×	○
c．	×	×	○	○
d．	○	×	○	○
e．	×	○	○	×

問題 85

精神保健及び精神障害者福祉に関する法律（精神保健福祉法）に関連する次の記述のうち，正しいものの組み合わせを下のａ～ｅの中から一つ選びなさい。

A．措置入院とは，精神保健指定医の診察により，必要と認められた場合に，病院の管理者が本人の同意を必要とせずに入院させるものである。

B．精神保健福祉センターは，地域の精神保健の向上および精神障害者の福祉の増進を図るための機関として都道府県に設置が義務づけられている。

C．精神障害者保健福祉手帳１級は，身辺の安全保持や危機的状況での対応はおおむね適切であるが，なお援助を必要とする状態である。

D．平成 25 年法改正により，これまで「保護者」には精神障害者に治療を受けさせる義務が課されていたが，保護者に関する規定が削除された。

（組み合わせ）

ａ．A　B
ｂ．A　C
ｃ．B　C
ｄ．B　D
ｅ．C　D

問題 87

臨床心理士の倫理に関する次の記述のうち，適切なものの組み合わせを下のａ～ｅの中から一つ選びなさい。

A．臨床心理士が，面接過程の初回に，面接契約の内容などを説明するのがインフォームド・コンセントである。

B．臨床心理士は，（公財）日本臨床心理士資格認定協会の倫理委員会の業務に協力しなければならない。

C．臨床心理士は，自らの専門的技量では対応が困難な場合，対象者の状況にかかわらず他の適切な専門家の情報を対象者に伝え，その援助に確実につながるようにすべきである。

D．臨床心理士が，自らの個人的な情報をクライエントに対して開示することは，専門的契約関係以外の期待を抱かせる可能性があるので慎重にすべきである。

（組み合わせ）

ａ．A　B

ｂ．A　C

ｃ．B　C

ｄ．B　D

ｅ．C　D

事例問題

次の事例を読んで，**問題 95** から**問題 97** の設問に答えなさい。

【事例】

中学３年の女子Ｌさんが，６月頃からたびたび体調不良を訴えて欠席していると，担任から学校臨床心理士（スクールカウンセラー）に相談があった。学年主任によれば，２年生までは部活動やクラス委員としての活動に一所懸命取り組んでおり，今の事態はまったく予測できなかったとのことであった。他方，担任は，Ｌさんが教育相談カードに「友だちは親切な人ばかりで学校には不満がない」「姉と比べられることはイヤ」と記述していたことが気になっていたと語った。早速来談した母親によれば，Ｌさんの姉は病弱であったがＬさんは手がかからなかったとのこと，また友人関係のトラブルは見当たらなかった。

その後，母と一緒に来談するようになったＬさんは，欠席直前，体育の時間に突然，めまい，手足のふるえ，気が遠くなる感覚があったと語った。病院ではパニック症と診断された。

問題 95（事例問題）

DSM-5 におけるパニック症に関する次の記述の中から，正しいものを一つ選びなさい。

a．突然激しい恐怖または強烈な不快感の高まりが，30 分以上かけてピークに達する。
b．米国におけるパニック症の発症年齢の中央値は，30～34 歳である。
c．パニック発作の頻度と重症度は，大きな変動があり，一定ではない。
d．一回限りの予期しないパニック発作に適用される。
e．パニック症は，心的外傷およびストレス因関連障害群の一つに分類される。

問題 96（事例問題）

「自分のことを知りたい」というＬさんの希望と母親の依頼を受け，

P-F スタディを実施した。その結果は，GCR＝53％は中学３年生女子の標準（61％）と比較してやや低かった。主要反応は E(7)＞e(5)＞I(3.5)の順であった。E 反応は中３女子の標準（4.5）よりも高く，E′は 0，m は 0.5 と低かった。超自我因子の $\underline{E}$ と $\underline{I}$ はそれぞれ１つずつ，また（M-A）＋ $\underline{I}$ ＝5.5（23％）は中３女子の標準（36％）と比較して低かった。反応転移としては，前半に強調されていた e 反応が後半では減少し，M-A 反応が前半まったく見られなかったが，後半は４つに増加するなど強い転移が認められた。これは，テスト中における L さんの心理的構えが変化したことを意味している。

次の文章の空欄〔A　B　C　D〕に該当する語句として，下の a 〜 e の組み合わせの中から，正しいものを一つ選びなさい。

GCR の値から［　A　］が著しく低下しているとは認められないが，［　B　］が同じ年代の人の標準より高く，他責逡巡反応や無責固執反応は少ないことから，直接他者に攻撃を向ける傾向があることが示唆される。一方，反応転移の分析から，最初はフラストレーションを［　C　］によって解消しようとするが，次第に［　D　］によって解決しようとする傾向が強くなることがうかがえる。

（組み合わせ）

	A	B	C	D
a．	成熟度	他罰反応	自力で解決すること	自己を弁護すること
b．	安定度	無罰反応	感情を分離すること	自己を罰すること
c．	集団順応度	他罰反応	他者に依存すること	他者を弁護許容すること
d．	成熟度	無罰反応	感情を分離すること	他者を弁護許容すること
e．	集団順応度	自罰反応	他者に依存すること	自己を弁護すること

問題 97（事例問題）

これまでに得た情報を総合して，Ｌさんに対してどのようなアプローチが適切と考えられるか。次の記述のうち，適切なものに○，適切でないものに×をつけた場合，下のａ～ｅの組み合わせの中から，<u>正しいもの</u>を一つ選びなさい。

Ａ．パニック発作を引き起こしている心理的葛藤への洞察を促すことが有効である。

Ｂ．体験している不安感を受けとめるとともに，周囲の理解が得られるように環境調整的アプローチを行うのが有効である。

Ｃ．P-F スタディで示された攻撃性は，社会に適応するために適度に必要な自己主張でもあるので，高校への進路対策など現実生活に焦点を当てたアプローチが有効である。

Ｄ．Ｌさんの過剰適応状態を是正するために，怒りの表出を促すのが有効である。

（組み合わせ）

	Ａ	Ｂ	Ｃ	Ｄ
ａ．	○	○	×	×
ｂ．	○	×	○	×
ｃ．	×	○	×	○
ｄ．	×	○	○	×
ｅ．	○	×	×	○

平成 30 年度試験問題

問題 1

対人魅力の規定要因に関する次の記述の中から，最も適切なものを一つ選びなさい。

a．外見などの「身体的魅力」は，異性関係においては，性格や学業成績に比べると，弱い規定要因である。
b．対人魅力に関する「釣り合い仮説」によると，人は自分と似ている性格や，自分と同じような態度の人物に魅力を感じる。
c．居住空間や教室の座席などの物理的な距離の近さである「類似性」は，対人魅力の規定要因の一つである。
d．「単純接触効果」は，相手を単に見るようなことを繰り返すだけで，その相手に魅力を感じる現象である。
e．「相補説」とは，自分を高く評価する人物や，自分に好意を抱いている人物に対して魅力を感じやすくなることである。

問題 3

ステレオタイプに関する次の記述の中から，最も適切なものを一つ選びなさい。

a．ステレオタイプは，他者や特定の集団についての記憶や知識を意識的に想起するときに起こる。

b．ステレオタイプの形成には，他者や特定の集団についての最初の情報や印象が効果を発揮する親近効果が働く。

c．ステレオタイプには，他者や特定の集団に対する予測を促進するという適応的な意味がある。

d．ステレオタイプは，これに反する事実や事例に出会うと，肯定的な方向に変容する。

e．本人が意識していない，または抑制しているステレオタイプでも，MMPI によって測定することができる。

問題７（事例問題）

次の事例を読んで，設問に答えなさい。

【事例】

Piaget, J. の認知発達理論に基づいて，実験室で様々な年齢の子どもたちに以下の課題を行った。子どもたちの発達は定型であり，遅れや偏りは認められない。

≪課題１≫

ついたてを使って，目の前でおもちゃを隠し，どのような行動をするのか観察した。

≪課題２≫

同じ量の水を入れた同じ形の２つの容器のうち１つを目の前で細長い容器に移し替えて，どちらが多いか，あるいは同じかを尋ねた。

≪課題３≫

見る方向によって見え方が異なるように配置された色と形の異なる３つの山の模型を提示し，自分と反対側からはどのように見えるのか説明を求めた。

本事例における３つの課題に関する次の記述のうち，適切なものに○，適切でないものに×をつけた場合，下のａ～ｅの組み合わせの中から，正しいものを一つ選びなさい。

Ａ．課題１で，１歳児は，ついたてで隠されたおもちゃを探そうとした。

Ｂ．課題２で，４歳児は，細長い容器の方が水位が高くなっているので量が多いと答えた。

Ｃ．課題３で，８歳児は，反対側からの見え方が自分の見え方と同じであると答えた。

Ｄ．課題３で，11 歳児は，反対側からの見え方が自分の見え方とは異なると答えたが，山の前後左右の重なりを考慮した説明はできなかった。

（組み合わせ）

	Ａ	Ｂ	Ｃ	Ｄ
ａ．	○	○	○	×
ｂ．	○	○	×	×
ｃ．	○	×	×	○
ｄ．	×	○	○	×
ｅ．	×	×	○	○

問題９

質的研究法に関する次の記述のうち，適切なものに○，適切でないものに×をつけた場合，下のａ～ｅの組み合わせの中から，正しいものを一つ選びなさい。

A．観察によるデータの信頼性を検証するために，クロンバックのα係数を指標とする。

B．アクションリサーチは，その場で起きている現象を録画して調査する方法である。

C．集団や社会の行動様式をフィールドワークによって調査する方法をエスノグラフィーという。

D．グラウンデッド・セオリーは，データに根ざして概念をつくり，概念同士の関係性を見つけ，理論を生成する方法である。

（組み合わせ）

	A	B	C	D
a．	○	×	○	×
b．	○	○	×	×
c．	×	×	○	○
d．	×	○	×	○
e．	○	×	○	○

問題 11

次の文章の空欄〔A B C D〕に該当する語句として，下のa～eの組み合わせの中から，正しいものを一つ選びなさい。

視覚や聴覚といった感覚が生じるか否かは，与えられた刺激の強さに依存する。［ A ］とは，感覚が生じるぎりぎりの刺激強度である。高齢者の聴覚の場合，特に高い音の［ A ］が［ B ］傾向にある。その一方で，刺激強度が強すぎると，正常な感覚が生じなくなる。このような刺激強度の限界を［ C ］と呼ぶ。また，2つの刺激の違い，例えば2つの音の強度の違いが区別できる最小の刺激差を［ D ］と呼ぶ。

（組み合わせ）

	A	B	C	D
a．	刺激閾	高くなる	刺激頂	弁別閾
b．	認知閾	低くなる	弁別頂	認知閾
c．	認知閾	高くなる	刺激頂	弁別閾
d．	刺激閾	低くなる	認知頂	弁別閾
e．	刺激閾	高くなる	刺激頂	認知閾

問題 13

コミュニティ心理学における予防に関する次の記述の中から，第三次予防の説明として，適切なものを一つ選びなさい。

a． 妊婦や産後間もない母親に子どもへのかかわり方を指導する。
b． 職場ストレスによる精神障害を予防するために労働条件を改善する。
c． 学校や会社でメンタルヘルスに関する心理テストを用いて，スクリーニングを行い，効果的な対策を講ずる。
d． 予約なしで駆け込める診療所や電話相談などの窓口を設置する。
e． 社会的，職業的能力の回復のため，地域社会の中に病院と家庭との間の橋渡しとなる場を確保する。

問題 15

次の母子関係の概念とそれに関連する人物の組み合わせの中から，正しいものを一つ選びなさい。

a．安全基地 ———— Mahler, M. S.
b．依託抑うつ ———— Spitz, R. A.
c．アタッチメント ——— Winnicott, D. W.
d．分離-個体化 ———— Ainsworth, M. D. S.
e．抱える環境 ———— Bowlby, J.

問題 17

次の子どもの発達に関する実験方法とそれに関連する用語の組み合わせの中から，正しいものを一つ選びなさい。

a．馴化-脱馴化法 ———————— アタッチメント
b．視覚的断崖 ———————— 社会的参照
c．ストレンジ・シチュエーション法 ——— 心の理論
d．誤信念課題 ———————— 対象恒常性
e．3つ山課題 ———————— 注視

問題 22

次の文章の空欄〔A B C D〕に該当する語句として，下のa～eの組み合わせの中から，正しいものを一つ選びなさい。

CMIは［ A ］らによって考案され，日本独自に発展した。［ B ］の自覚症状を問う質問紙で，一部［ C ］で異なる質問となっている。［ D ］のスクリーニングテストという特徴がある。

（組み合わせ）

	A	B	C	D
a．	Goldberg, D.	心理面	男女	神経症
b．	Goldberg, D.	身体面	年齢	統合失調症
c．	Brodman, K. W.	心身双方	男女	神経症
d．	Brodman, K. W.	心理面	年齢	神経症
e．	Brodman, K. W.	心身双方	男女	統合失調症

問題24

神経心理学検査に関する次の記述のうち，正しいものの組み合わせを下のａ～ｅの中から一つ選びなさい。

A．トレイル・メイキング・テストは，記銘力に関する検査である。
B．ウィスコンシン・カード分類検査は，認知の柔軟性に関する測度として利用できる。
C．ストループ課題の成績は，習慣的反応の抑制と関係している。
D．レイ複雑図形の模写課題から，脳の損傷部位を確定できる。

（組み合わせ）

a．A　B
b．A　C
c．A　D
d．B　C
e．B　D

問題 25

心理測定法に関する次の記述のうち，正しいものに○，誤っているものに×をつけた場合，下のａ～ｅの組み合わせの中から，正しいものを一つ選びなさい。

Ａ．基準関連妥当性は，予測的妥当性と併存的妥当性に分類される。
Ｂ．相関係数は，２つの変数間の因果関係までを保証した指標ではない。
Ｃ．内的整合性は，尺度に含まれている項目が，一貫して同じものを測定している程度である。
Ｄ．関連が想定される２つの尺度間に高い相関が得られた場合，弁別的妥当性があると判断される。

（組み合わせ）

	Ａ	Ｂ	Ｃ	Ｄ
ａ．	○	×	×	○
ｂ．	×	○	○	×
ｃ．	○	○	○	×
ｄ．	×	×	○	○
ｅ．	×	○	×	○

問題 27

次の文章の空欄〔Ａ　Ｂ　Ｃ　Ｄ〕に該当する語句として，下のａ～ｅの組み合わせの中から，最も適切なものを一つ選びなさい。

ロールシャッハ・テストでは，［　Ａ　］反応は，情緒や感情に関連するとされる。一方，［　Ｂ　］反応は，想像性や空想性など内的な豊かさに関連するとされる。この2つの反応の量的な比率は［ C ］と呼ばれ，テストの分析・解釈に際して重視される指標の一つとなる。この指標において，仮に［ A ］反応の方が［ B ］反応よりも上回れば，［ D ］となり，現実に対する順応性が高いとみなされる。

（組み合わせ）

	A	B	C	D
a．	色彩	人間運動	体験型	外拡型
b．	濃淡	無彩色	反応スタイル	内向型
c．	形態	人間運動	体験型	両向型
d．	色彩	人間運動	反応スタイル	外拡型
e．	濃淡	無彩色	体験型	内向型

問題 29

認知機能に関する次の記述のうち，正しいものの組み合わせを下のａ～ｅの中から一つ選びなさい。

Ａ．同時処理とは，系列的順序で刺激を統合する心的過程である。

Ｂ．プランニングとは，問題解決の方法を選択・適用・評価する心的過程である。

Ｃ．流動性知能には，言語性と非言語性の２種類がある。

Ｄ．結晶性知能は，加齢によって減退しやすい。

(組み合わせ)

a．A　B
b．A　C
c．B　C
d．B　D
e．C　D

問題 33

ロールシャッハ・テストに関する次の記述のうち，正しいものに○，誤っているものに×をつけた場合，下のａ～ｅの組み合わせの中から，正しいものを一つ選びなさい。

A．Ⅰカードでの反応は，新奇場面における適応の水準を評価するのに適している。
B．動物反応が多い人は，創造的である。
C．Ⅱカード，Ⅷカードで反応の質が低下する人は，情緒刺激に動揺しやすい。
D．人間運動反応が多ければ多いほど共感的である。

(組み合わせ)

	A	B	C	D
a．	○	×	○	×
b．	○	○	×	○
c．	○	×	×	○
d．	×	○	○	×
e．	×	×	○	○

問題 37

次の性格傾向を示す TEG のプロフィールとして，最も適切なものを，下の a ～ e の中から一つ選びなさい。

「人に優しくしたいという気持ちが強いが，人からどう思われるのかを気にする面も強く，頼まれると断ることができないため，無理をしてでも人に尽くしたり，人に利用されるということになりやすい。」

a．
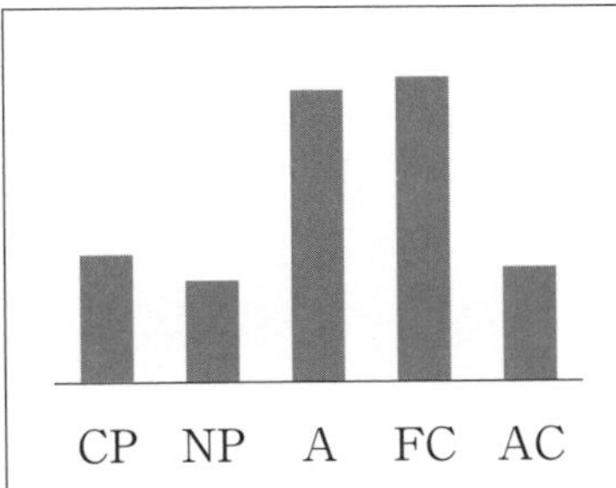

b．
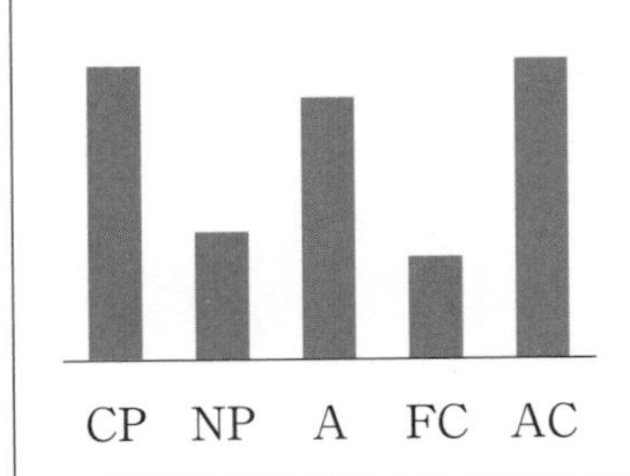

c．
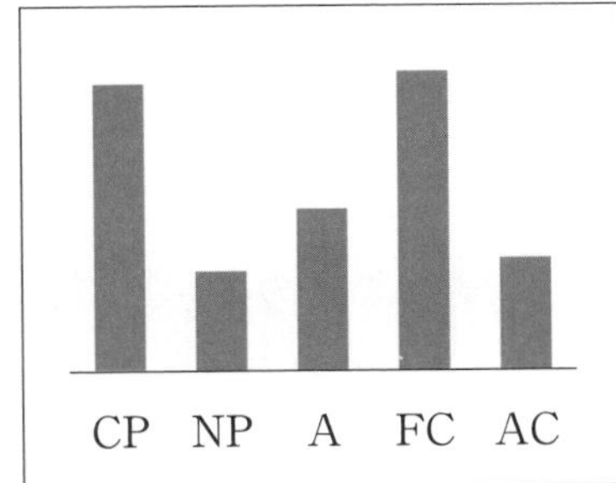

d．
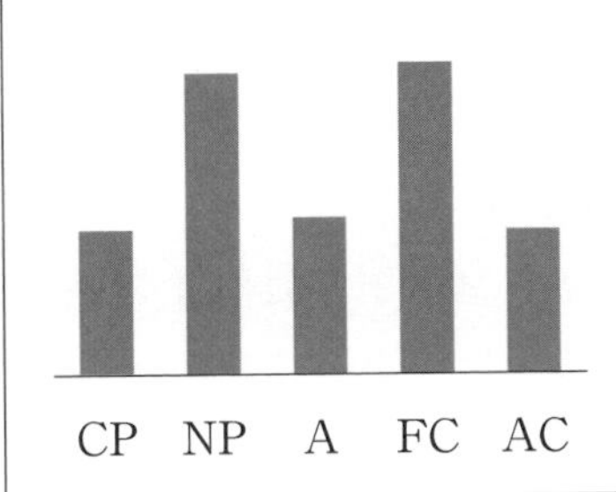

e．
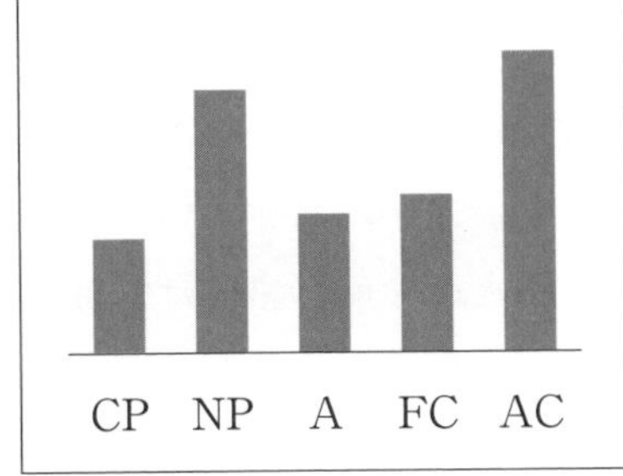

問題 40

対象関係論に関する次の記述のうち，正しいものの組み合わせを下のａ～ｅの中から一つ選びなさい。

Ａ．現実の対人関係に基づいて，パーソナリティをとらえる。
Ｂ．移行対象は，特に青年期において頻繁に認められる。
Ｃ．生後間もない乳児は，部分対象として母親をとらえている。
Ｄ．悪い対象は，不満足な体験がもとになって形成される。

（組み合わせ）
ａ．Ａ　Ｂ
ｂ．Ａ　Ｃ
ｃ．Ｂ　Ｃ
ｄ．Ｂ　Ｄ
ｅ．Ｃ　Ｄ

問題 42

P-F スタディに関する次の記述のうち，適切なものに○，適切でないものに×をつけた場合，下のａ～ｅの組み合わせの中から，正しいものを一つ選びなさい。

Ａ．実験的精神分析学を提唱した Murray, H. A. によって開発された。
Ｂ．日常生活において誰でも経験する欲求不満場面が設定されており，被検査者の対人関係における主張性が現れやすい。
Ｃ．評点化は，被検査者の用いた顕在的水準の反応語だけではなく，潜在的水準における動機に基づいて分類することが必要である。
Ｄ．反応転移とは，テストの前半と後半の変化をみるものであり，情緒の安定性を吟味することができる。

（組み合わせ）

	A	B	C	D
a．	○	○	×	×
b．	○	×	○	○
c．	×	○	×	○
d．	×	×	○	×
e．	×	○	○	×

問題 48

WISC-Ⅳに関する次の記述の中から，正しいものを一つ選びなさい。

a．知識，単語，類似は，言語の同時処理能力を測定する下位検査である。

b．指標（VCI など）を構成する一つの下位検査の粗点が 0 点である場合，合成得点は算出できない。

c．FSIQ は，４つの合成得点の平均値である。

d．基本的なプロセス分析は，積木模様，数唱，絵の抹消の３つの下位検査で行われる。

e．言語性 IQ と動作性 IQ が算出できる。

問題 50

自閉スペクトラム症に関する次の記述のうち，正しいものの組み合わせを下の a ～ e の中から一つ選びなさい。

A．DSM-5では，広汎性発達障害と同じ概念である。
B．「社会的コミュニケーションの欠如」，「行動，興味，活動の反復性」，「感覚過敏」の３つの主症状によって特徴づけられる。
C．発達早期に症状が発現しているものに限り診断される。
D．知的機能のあり方，運動機能のあり方，養育環境などによって状態像が異なる。

（組み合わせ）
a．A　B
b．A　C
c．B　C
d．B　D
e．C　D

問題 54

分析心理学に関する次の記述のうち，適切なものに○，適切でないものに×をつけた場合，下のａ～ｅの組み合わせの中から，正しいものを一つ選びなさい。

A．心の機能として互いに補償関係にある，「感情−感覚」，「思考−直観」，という対を考える。
B．言語連想法は主に反応の混乱に注目し，そこから被験者のコンプレックスを見つけ出す技法である。
C．治療の際に，患者の個人的内容と元型的内容を識別することが大切である。
D．夢は，意識的な態度の中にある願望を充足しようとする反応である。

（組み合わせ）

	A	B	C	D
a．	○	×	×	○
b．	×	○	○	×
c．	×	×	○	○
d．	×	○	×	○
e．	○	×	○	×

問題 57

防衛に関する次の記述のうち，正しいものの組み合わせを下の a ～ e の中から一つ選びなさい。

A．強迫観念にさいなまれているクライエントは，自らの情動を合理化している。

B．極端な理想化と脱価値化を繰り返すクライエントは，分裂の機制を基盤にしている。

C．心的外傷体験のあるクライエントは，抑圧によりその記憶を忘却することがある。

D．激しい怒りをもつクライエントは，投影同一化（視）により友好的なふりをして他者操作を行うことがある。

（組み合わせ）

a．A　B
b．A　C
c．B　C
d．B　D
e．C　D

問題 59

子どもへの面接手法の一つである司法面接に関する次の記述のうち，正しいものに○，誤っているものに×をつけた場合，下の a ～ e の組み合わせの中から，正しいものを一つ選びなさい。

A．司法面接は，法的な判断に使用することのできる情報を，被面接者の心理的負担に配慮しつつ得るための面接である。
B．司法面接は，被害者・目撃者の子どもを対象としており，被疑少年などの面接で行われることはない。
C．司法面接では，子どもが安心して話せるように録画などを行うことはない。
D．司法面接は，子どもの負担を考えて，1回のみ行うのが原則である。

（組み合わせ）

	A	B	C	D
a．	×	○	○	○
b．	○	×	×	○
c．	×	○	○	×
d．	○	×	×	×
e．	○	○	×	×

事例問題

次の事例を読んで，**問題 62** から**問題 64** の設問に答えなさい。

【事例】

女子大学生Aさん（19 歳）は，入学と同時に親元を離れ一人暮らしを始めた。大学にはなかなか馴染めなかったが，サークルで出会った上級生に声をかけられ，交際を開始した。しかし，恋人との関係では緊張してしまい，快活そうな友人たちと自分を比較しては落ち込み，些細なことで「みんなに嫌われている」と感じては，リストカットを繰り返した。恋人と連絡が取れないときには泣いて責め，そのあと激しく落ち込み，自殺をほのめかすこともあった。半年後，恋人と別れることになり，リストカットの頻度が増し，不眠，抑うつを呈し，精神科クリニックを受診した。

不眠や抑うつへの薬物療法とともに，主治医から勧められた心理療法を本人が希望し，精神分析的心理療法を専門としている男性の臨床心理士による面接を開始することとなった。主治医からは，Aさんは自分に自信がなく，ひどく悲観的で，こうしたものの見方を変えられるとよいのではないか，という見立てと方針が臨床心理士に伝えられた。

問題 62（事例問題）

初回面接において，臨床心理士がAさんに心理療法を受けることになった経緯について尋ねると，恋人との関係で落ち込むことが多く，生きていても仕方がないと思ったこと，どうしようもない気持ちになり，リストカットをしたら少しすっきりすると感じたことを語った。しかし，すぐに「でも今はまったくそういう気持ちはないです」ときっぱり言った。別れた恋人がいかにひどい人かを熱弁し，自分のことを放っておいて，アルバイトに行ってしまったり，友人との予定を優先したことなどを，怒りを込めて語った。Aさんの話す勢いに圧倒され，臨床心理士はなかなか口を挟むことができないほどだった。

ここでの臨床心理士の理解と介入に関する次の記述のうち，適切なものに○，適切でないものに×をつけた場合，下のａ～ｅの組み合わせの中から，正しいものを一つ選びなさい。

A．主治医から聞いていた，自信がなく悲観的な面とは異なる様子をＡさんが示しているため，アセスメントを丁寧に行う。

B．希死念慮やリストカットについて「今はまったくそういう気持ちはない」ときっぱりとＡさんが述べていた点は，躁的防衛として理解できる。

C．別れた恋人に対するＡさんの語りから，パーソナリティ障害水準の病理の可能性を考慮する。

D．Ａさんの話の無意識的意味について，初回から積極的に解釈を試みる。

（組み合わせ）

	A	B	C	D
a．	○	×	○	×
b．	○	×	×	○
c．	○	○	×	×
d．	×	○	×	○
e．	×	×	○	×

問題 63（事例問題）

臨床心理士は週に１回，50 分間の有料の精神分析的心理療法を開始した。Ａさんは休まず通ってきて，しばしば別れた恋人との関係について語った。別れた恋人は自分のことをわかってくれたが，自分のことだけを見てくれることはなかったと繰り返し語った。臨床心理士は「私に対しても，Ａさんは自分のことを理解してくれているけれど，たくさんいるクライエントの一人でしかないと不満を感じてもいるんでしょう」と解釈した。Ａさんはこれに対して否定も肯定もせず，幼い頃に迷子になった思い出について話し出した。

臨床心理士がAさんに伝えた解釈の種類に関する次の記述の中から，最も適切なものを一つ選びなさい。

a．象徴解釈
b．転移外解釈
c．再構成の解釈
d．転移解釈
e．防衛解釈

問題 64（事例問題）

面接を開始して半年ほど過ぎて，Aさんは，対人関係において相手にしがみついてしまう自分のあり方を振り返るようになった。臨床心理士の言葉によって気づきを得たことを語りながら，終了間際に，Aさんは「いつも先生はよく人のことがわかるな，と感心します。…先生は結婚なさっているんですか？」と尋ねた。

この際の臨床心理士の理解と介入に関する次の記述のうち，適切なものの組み合わせを下のa～eの中から一つ選びなさい。

A．面接終了間際の臨床心理士への個人的な質問には，分離に由来するAさんの不安が表れている。
B．臨床心理士の自己開示を避けるために，Aさんに「どう見えますか？」と問い返す。
C．臨床心理士のことを知ることがAさんとの関係構築には必要であるため，質問に正直に答える。
D．「それについては次回お話しましょう」と伝え，次回Aさんが言及しない場合は，臨床心理士自らその話題に触れる心づもりをする。

（組み合わせ）

a．A　B

b．A　C

c．A　D

d．B　C

e．B　D

事例問題

次の事例を読んで，**問題 67** の設問に答えなさい。

【事例】

中学３年生の女子Ａさんは立ち眩みが頻発し，学校を休みがちとなり，小児科を受診した。血液検査などでは特に異常がなく，起立性調節障害と診断された。医師から臨床心理士に心理検査と心理面接の依頼があった。Ａさんは母親と一緒に心理面接にあらわれた。小児科には精神分析的オリエンテーションをもつ臨床心理士が勤務していた。

問題 67（事例問題）

週に１回の面接を重ねるうちに，臨床心理士に対してＡさんが陽性転移を示すようになった。その後，夏休み期間を挟んで１カ月間，面接が空くことになった。再開後の面接では「夜も眠れず，消えてしまいたいと思いリストカットをした」と語り，判然としない幻聴や，「知らないうちに，あざができていた」といった解離症状を訴えた。

面接の経過に関する次の記述のうち，適切なものに○，適切でないものに×をつけた場合，下のａ～ｅの組み合わせの中から，正しいものを一つ選びなさい。

A．統合失調症の前駆症状である可能性を考え，医師に相談する。
B．面接の休止に関連した混乱の可能性があるので，セラピストに対する怒りを面接の中で扱う。
C．夏休みなどセラピストの都合で面接を休むことは，面接の経過に大きな影響を与える可能性があるので，毎週の面接を確実に確保する。
D．夏休み期間はセラピストの喪失を意味し，痛みや悲しみを自分の中に抱えることができず，行動化によって対処しようとしていたと考えられる。

（組み合わせ）

	A	B	C	D
a．	×	○	○	○
b．	○	×	○	×
c．	×	○	○	×
d．	○	×	×	○
e．	○	○	×	○

問題 68

スーパーヴィジョンに関する次の記述のうち，正しいものの組み合わせを下の a ～ e の中から一つ選びなさい。

A．スーパーヴィジョンの目的は，スーパーヴァイジーの理解を促進することを通して，クライエントの利益や福祉に貢献することにある。
B．スーパーヴィジョンの際，セラピー場面を録画したものを面接記録の一形態として使用することもある。

C．グループ・スーパーヴィジョンは，通常，不定期で非継続的に開催されるものである。

D．スーパーヴィジョンにおいて，スーパーヴァイザーが必要だと判断した場合，スーパーヴァイジーの個人分析（教育分析）も実施することがある。

（組み合わせ）

a．A　B
b．A　C
c．A　D
d．B　D
e．C　D

事例問題

次の事例を読んで，**問題 69** の設問に答えなさい。

【事例】

女児Aさんは，幼稚園年長の終わり頃から頻尿が始まり，並行して登園をしぶるようになった。小学校入学を前に心配した両親に連れられて，小児科を受診した。そこで尿検査や膀胱容量測定などの各種検査を経て，神経性頻尿と診断された。「緊張などの心理的要因がかかわってくることが少なくない」と小児科医に言われ，紹介された心理相談機関に来談した。

そこでは，Aさんには臨床心理士との遊戯療法が，両親には別の臨床心理士による並行面接が提案された。なお，遊戯療法を担当する臨床心理士は，クライエント中心療法のオリエンテーションに基づいている。

問題 69（事例問題）

Ａさんはプレイルームに入ると，部屋の中を歩き回り，ぬいぐるみやボール，色鉛筆などに触れた。しかし，特に何かを始めることもなく，出入り口の近くに座った。そして，そのまま黙り込んでしまった。

Ａさんに対する臨床心理士の働きかけに関する次の記述のうち，適切なものに○，適切でないものに×をつけた場合，下のａ～ｅの組み合わせの中から，正しいものを一つ選びなさい。

Ａ．すみやかにラポールを形成するために，微笑みながら「なにか困ったことがあるのかな？ どんなこと？」と尋ねる。

Ｂ．新しい場面でどうしたらよいかわからないようなので，「ここではいろんな子が楽しく遊んでいるよ」と説明する。

Ｃ．気持ちを受けとめることが望ましい場面なので，「どうしていいかわからないのかな？」と伝える。

Ｄ．不安を取り去るために，「ここは自由に遊んでいい場所だよ。何をして遊ぼうか…」と遊びに誘う。

（組み合わせ）

	A	B	C	D
a．	○	○	×	×
b．	×	×	○	×
c．	×	○	○	×
d．	○	×	×	○
e．	×	×	○	○

問題 72

高齢者への回想法に関する次の記述のうち，適切なものに○，適切でないものに×をつけた場合，下のａ～ｅの組み合わせの中から，正しいものを一つ選びなさい。

A．心理療法としての回想法では，語る時が熟すのを待つことが必要である。
B．アクティビティとしての回想法では，過去のトラウマには安易に触れない。
C．世代間交流や地域活動としての回想法では，地域の文化の継承も目的とする。
D．心理療法としての回想法では，過去の回想のみを扱う。

（組み合わせ）

	A	B	C	D
ａ．	○	○	○	×
ｂ．	○	×	○	×
ｃ．	×	×	○	○
ｄ．	○	×	×	○
ｅ．	×	○	×	○

問題 73

分析心理学におけるイメージのとらえ方に関する次の記述のうち，適切なものに○，適切でないものに×をつけた場合，下のａ～ｅの組み合わせの中から，正しいものを一つ選びなさい。

A．イメージを利用する手法として，夢分析やアクティブ・イマジネーションを用いる。
B．クライエントのこころにある異性の像が，現実の他者に投影されるとき，それは転移とみなされるので，その像はイメージとはみなされない。

C．イメージを用いることは有効であるが，外的な現実の影響力を上回ることはない。

D．面接の中でクライエントが自分の体験について語る内容も，分析心理学では面接室の中で表現されたイメージと理解されうる。

（組み合わせ）

	A	B	C	D
a．	×	×	○	○
b．	○	×	×	×
c．	×	○	○	×
d．	○	×	×	○
e．	○	○	×	×

問題 80

エクスポージャー療法に関する次の記述のうち，正しいものの組み合わせを下の a ～ e の中から一つ選びなさい。

A．フラッディング法では，最も弱い不安惹起刺激から始めて徐々に刺激を強めていく。

B．系統的脱感作法では，リラクセーションスキルを用いる。

C．インプローシブ療法は，不安の根源に直接訴える精神力動的な要素をもっている。

D．エクスポージャー療法は，認知療法からヒントを得て作られた。

（組み合わせ）

a．A　B
b．A　C
c．B　C
d．B　D
e．C　D

問題 81

スクールカウンセリングに関連する法律とその内容に関する次の記述のうち，適切なものの組み合わせを下のａ～ｅの中から一つ選びなさい。

A．教育機会確保法（通称）では，不登校児童生徒への学外での多様な学習活動の重要性が述べられている。
B．学校教育法では，心理，福祉の専門家と連携したいじめ対応が具体的に示されている。
C．教育基本法では，教育の目的として，人格の完成がうたわれている。
D．児童福祉法では，児童の心理に関する支援が，学校臨床心理士の役割とされている。

（組み合わせ）

a．A　B
b．A　C
c．B　C
d．B　D
e．C　D

問題82

学校での予防教育に関する次の記述のうち，適切なものに○，適切でないものに×をつけた場合，下のａ～ｅの組み合わせの中から，正しいものを一つ選びなさい。

Ａ．ソーシャルスキル教育では，対人関係の問題を個人の性格に帰属し，その改善を目指している。
Ｂ．構成的グループエンカウンターは，他者とふれあい，自己発見を行うことによって，行動変容が起こることを目指している。
Ｃ．社会性と情動の学習は，思いやりのある人間関係づくりなどに必要な知識・態度・技能の獲得と応用を目指している。
Ｄ．ストレスマネジメント教育は，心理社会的ストレスモデルに基づき，ストレス要因の減少を目指している。

（組み合わせ）

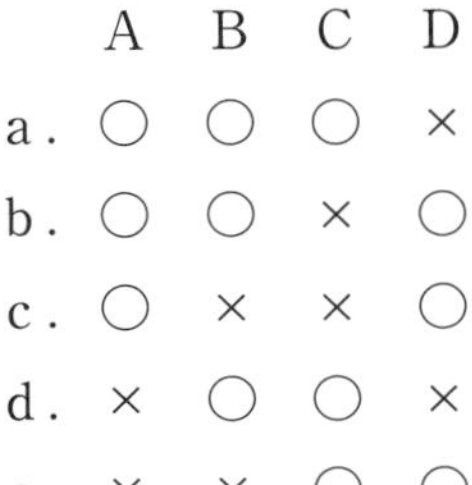

	A	B	C	D
ａ．	○	○	○	×
ｂ．	○	○	×	○
ｃ．	○	×	×	○
ｄ．	×	○	○	×
ｅ．	×	×	○	○

問題83

精神保健に関する次の記述のうち，正しいものに○，誤っているものに×をつけた場合，下のａ～ｅの組み合わせの中から，正しいものを一つ選びなさい。

A．地域保健法では，保健所の役割として精神保健に関する事項をあげている。

B．精神障害者保健福祉手帳の更新は，７年ごとである。

C．精神保健及び精神障害者福祉に関する法律は，「精神保健福祉法」と略される。

D．精神科病院に入院中の者またはその家族等は，退院請求ができる。

（組み合わせ）

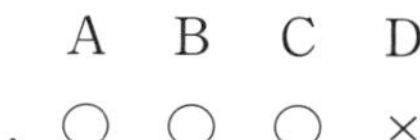

	A	B	C	D
a．	○	○	○	×
b．	×	×	×	○
c．	○	×	○	○
d．	×	○	○	×
e．	○	○	×	×

問題 84

地域援助に関する次の記述のうち，正しいものに○，誤っているものに×をつけた場合，下のａ～ｅの組み合わせの中から，正しいものを一つ選びなさい。

A．エンパワーメントには，自己決定の増進が含まれる。

B．プログラム評価では，最終的な成果の検討が中心となる。

C．コミュニティ心理学では，専門家の支援を重視する特徴がある。

D．エンパワーメントは，個人・組織など多次元で考えることが重要である。

（組み合わせ）

	A	B	C	D
a.	○	×	○	○
b.	×	×	○	×
c.	○	○	×	○
d.	×	○	○	×
e.	○	×	×	○

問題 87

犯罪被害者等支援に関する次の記述のうち，正しいものに○，誤っているものに×をつけた場合，下のａ～ｅの組み合わせの中から，正しいものを一つ選びなさい。

A．犯罪被害者等基本法は，犯罪被害者等の権利利益の保護を目的とした我が国で初めての法律である。
B．犯罪被害者等基本法における「犯罪被害者等」には，犯罪加害者の家族が含まれる。
C．性的犯罪被害にともなう精神疾患を，犯罪被害給付制度の対象とすることができる。
D．公判における犯罪被害者等の保護のためにビデオリンクを利用することができる。

（組み合わせ）

	A	B	C	D
a．	○	×	○	×
b．	×	○	×	○
c．	○	○	×	○
d．	○	×	○	○
e．	×	○	○	×

問題 90

地域住民の交流に関する次の記述のうち，正しいものに○，誤っているものに×をつけた場合，下のａ～ｅの組み合わせの中から，適切なものを一つ選びなさい。

A．援助をされる側だけではなく，援助をする側も助けを得ているという考え方を「ヘルパー・セラピー原則」と呼ぶ。

B．顔見知り程度の人間関係でも，たくさんの人がつながれば，その場への愛着は家族以上になることを「弱い紐帯の強さ」という。

C．小さな犯罪の放置が大きな無秩序や重大犯罪を促すことを「割れ窓理論」は説明している。

D．地域住民をエンパワーする職場・学校や家庭でもない場所を「安全基地」と呼ぶ。

（組み合わせ）

	A	B	C	D
a．	○	×	○	×
b．	×	○	×	○
c．	○	○	×	×
d．	×	×	○	○
e．	○	×	○	○

事例問題

次の事例を読んで，**問題 91** の設問に答えなさい。

【事例】

20 歳代後半の男性Ａさんは，高い専門教育を受けており，入社時から専門職として期待されていた。しかし，Ａさんは与えられた仕事をどのようにこなしてよいのかわからず，納期が迫ると追い詰められて職場に行けなくなり，休職することを繰り返していた。今回の休職時は，職場の上司や家族とも相談し，主治医の変更も試みた。新しい主治医からは，薬物療法と並行してカウンセリングを勧められた。Ａさん自身もこのままではいけないと思っており，カウンセリングを受ける決意をした。

問題 91（事例問題）

Ａさんの心理アセスメントとして実施する次の心理検査の組み合わせの中から，最も適切なものを一つ選びなさい。

a．KFD ——————— WMS-R
b．GHQ ——————— KIDS
c．バウムテスト ——— K-ABC
d．SDS ——————— HDS-R
e．CMI ——————— TEG

問題 99

家族療法に関する次の記述のうち，適切なものに○，適切でないものに×をつけた場合，下のａ～ｅの組み合わせの中から，正しいものを一つ選びなさい。

A．家族療法では，家族の問題がしわ寄せされている IP に焦点を合わせて支援する。
B．Ackerman, N. W. らは，精神分析の視座から家族療法を展開させた。
C．ジェノグラムのねらいは，現在の家族構成を視覚的にわかりやすく図示することである。
D．家族ライフサイクルとは，子どもの誕生から両親の死までの家族の発達プロセスである。

(組み合わせ)

	A	B	C	D
a．	○	○	×	○
b．	×	×	○	○
c．	○	×	○	×
d．	×	○	○	○
e．	×	○	×	×

問題 100

臨床心理士の倫理に関する次の記述のうち，適切なものの組み合わせを下のａ～ｅの中から一つ選びなさい。

A．臨床心理士は，自らの専門的業務の及ぼす結果に責任をもたなければならない。

B．臨床心理士は，心理検査の誤用や悪用を防ぐために，その用具とその使用方法について広く周知する努力を行う。

C．臨床心理学に関する研究に際しては，臨床業務遂行に支障をきたさない範囲で実施するように留意する。

D．臨床心理士は，商業的な宣伝や広告をしてはならない。

（組み合わせ）

ａ．A　B

ｂ．A　C

ｃ．B　C

ｄ．B　D

ｅ．C　D

令和元年度試験問題

問題 1

Piaget, J. の認知発達理論に関する次の記述のうち，適切なものに○，適切でないものに×をつけた場合，下の a ～ e の組み合わせの中から，正しいものを一つ選びなさい。

A．物理量の外見（たとえば長さや形）が変化したとしても，その数量や重さは変化しないという論理的思考を獲得する時期を形式的操作期とした。

B．感覚運動期では，行動そのものへの興味によって同じ行動を繰り返すが，次第に行動の結果に対する興味に移行する。

C．子どもは，外界とのやりとりを通して，それを自分のシェマに取り入れる同化と，外界に応じて自分のシェマを変える調節により，認知構造を形成していくと考えた。

D．前操作期の子どもは，象徴機能の発達によって認識の対象や範囲が大きく変化し，他者の視点は自分とは違うことに気がつく。

（組み合わせ）

	A	B	C	D
a.	×	○	○	×
b.	○	○	×	×
c.	○	×	○	×
d.	×	○	×	○
e.	○	×	×	○

問題６

ストレスに関する次の記述のうち，正しいものに○，誤っているものに×をつけた場合，下のａ～ｅの組み合わせの中から，正しいものを一つ選びなさい。

A．Selye, H. が示した汎適応症候群では，外界の要求によって身体の非特異的反応がもたらされる。

B．外的環境の変化に対して内部環境を一定に保とうとする身体の機能を，ホメオスタシスと呼ぶ。

C．ストレッサーに直面した際のストレス反応は，個人の認知的評価や対処などによって媒介される。

D．ポジティブ感情には，ネガティブ感情にともなう生理的反応を早く鎮静化させる心理的リアクタンス効果がある。

（組み合わせ）

	A	B	C	D
a．	○	×	○	○
b．	×	○	×	○
c．	○	×	○	×
d．	○	○	○	×
e．	×	○	○	○

問題７

社会的な認知の実験に関する次の文章の空欄〔A　B　C　D〕に該当する語句として，下のａ～ｅの組み合わせの中から，正しいものを一つ選びなさい。

実験参加者は，実験室で非常につまらない作業をさせられた後，次に来た参加者に「この作業はとても面白かった」と話すように実験者に依頼された。その際，報酬として，実験参加者は１ドルもしくは20ドルの報酬を受け取った。その後，実験参加者に先ほどの作業の「面白さ」を評定してもらうと，１ドル条件の方が20ドル条件よりも，面白さを［　A　］評価する傾向がみられた。20ドル条件では高い報酬によって［　B　］が解消されたが，１ドル条件では私的な意見が［　C　］することによって［　B　］が解消されたと考えられる。これは［　D　］らの理論に基づいた実験である。

（組み合わせ）

	A	B	C	D
a．	高く	認知的不協和	変化	Festinger, L.
b．	低く	社会的ジレンマ	固定化	Festinger, L.
c．	高く	社会的ジレンマ	固定化	Allport, G. W.
d．	低く	認知的不協和	変化	Festinger, L.
e．	高く	社会的ジレンマ	変化	Allport, G. W.

問題８

次の文章の空欄〔A　B　C　D〕に該当する語句として，下のａ～ｅの組み合わせの中から，正しいものを一つ選びなさい。

失語症とは，大脳の後天性の損傷による言語機能の障害であり，［　A　］の損傷により発症する事例が多い。失語症の古典的分類として，［　B　］下後部に位置するブローカ野とその近接領域の損傷により［　C　］の困難が認められるブローカ失語と，［　D　］上後部に位置するウェルニッケ野とその近接領域の損傷により認められるウェルニッケ失語がよく知られている。

（組み合わせ）

	A	B	C	D
a．	右半球	前頭葉	言語理解	側頭葉
b．	左半球	側頭葉	発話	前頭葉
c．	右半球	側頭葉	発話	前頭葉
d．	左半球	前頭葉	発話	側頭葉
e．	左半球	側頭葉	言語理解	前頭葉

事例問題

次の事例を読んで，**問題 14** の設問に答えなさい。

【事例】

地域の母子保健事業である１歳半ならびに３歳児健康診査（健診）において，臨床心理士は，保健師より３歳児とその母親への対応についてコンサルテーションの依頼を受けた。

保健師は，対象児について自閉スペクトラム症の疑いをもっており，親子教室の活動の中で発達特性を評価するための行動観察の視点と，客観的指標を得るためにはどのような検査が適当であるのかについて相談した。

問題 14（事例問題）

３歳児の自閉スペクトラム症の特性を評価し，支援に活用可能なアセスメントツールについて，最も適切なものの組み合わせを下のａ～ｅの中から一つ選びなさい。

Ａ．WISC-Ⅳ
Ｂ．ADOS
Ｃ．ADAS
Ｄ．PEP-3

（組み合わせ）

a．A　B

b．A　C

c．B　C

d．B　D

e．C　D

問題 15

集団内の影響過程に関する次の記述のうち，正しいものに○，誤っているものに×をつけた場合，下のａ～ｅの組み合わせの中から，正しいものを一つ選びなさい。

A．社会的アイデンティティ理論によれば，自尊心を高めるために内集団の優位性を確認しようとする。

B．多数派による同調圧力は，その人数の多さに比例する。

C．少数派は，その行動が一貫しているときに集団に対して影響力をもつ。

D．情報的影響とは，社会的に何が正しいかを示唆して，それに対する相手の同調を求めることである。

（組み合わせ）

	A	B	C	D
a．	○	×	○	×
b．	×	○	○	×
c．	×	×	○	○
d．	○	×	×	○
e．	×	○	×	○

問題 19

成人期の発達に関する次の記述のうち，正しいものの組み合わせを下のａ～ｅの中から一つ選びなさい。

A．Levinson, D. J. は，成人期男性の面接調査から，成人期の生活構造の安定期と過渡期が交互に現れ進んでいくことを示した。
B．Erikson, E. H. は，生殖性（世代性）と停滞の対立から生まれる力を英知と考えた。
C．子どもが巣立っていった母親にみられる空の巣症候群は，親のアイデンティティの危機として考えられる。
D．Baltes, P. B. は，人がこれまで向き合ってこなかった領域に目を向け，自己を統合していくことを個性化と呼んだ。

（組み合わせ）
ａ．A　B
ｂ．A　C
ｃ．B　C
ｄ．B　D
ｅ．C　D

問題 20

防衛機制に関する次の記述のうち，正しいものに○，誤っているものに×をつけた場合，下のａ～ｅの組み合わせの中から，正しいものを一つ選びなさい。

A．Klein, M. は，Freud, S. の防衛のメカニズムを発展させて，防衛機制について提示した。

B．自我の防衛機制には，その人の人格的特徴や心理的健康の程度が反映される。
C．自分にとって受け入れ難い信念を意識から締め出すのは，否認である。
D．攻撃者への同一化は，自分を傷つけた人の属性を自分の中に取り入れることである。

（組み合わせ）

	A	B	C	D
a．	○	×	○	×
b．	×	○	×	○
c．	○	×	×	○
d．	○	○	×	×
e．	×	×	○	○

問題 22

内田クレペリン精神作業検査に関する次の記述のうち，正しいものに○，誤っているものに×をつけた場合，下のａ～ｅの組み合わせの中から，正しいものを一つ選びなさい。

A．Kraepelin, E. の理論をもとに，内田勇三郎が開発した日本独自の検査である。
B．知的能力だけではなく，情意面の特徴も作業量に影響する。
C．定型曲線は，膨大な数の作業曲線の平均値をもとにして作られている。
D．定型曲線では，後期の作業量が前期の作業量に比べて増加する。

（組み合わせ）

	A	B	C	D
a．	○	○	×	○
b．	○	○	×	×
c．	×	○	○	×
d．	○	×	×	○
e．	×	×	○	×

問題 23

心理検査に関する次の記述のうち，適切なものに○，適切でないものに×をつけた場合，下のａ～ｅの組み合わせの中から，適切なものを一つ選びなさい。

A．心理検査に関する研究発表を行う際，匿名化がなされていれば，被検査者の同意は必要ない。

B．質問紙の回答に被検査者が希死念慮を示す場合，対象者の保護を目的として，ただちに家族に報告する。

C．被検査者の自然な反応を得るために，検査の目的，内容などは検査実施後に説明する。

D．被検査者から心理検査の実施に関する同意が得られなかったとき，検査者は被検査者の意思にしたがう。

（組み合わせ）

	A	B	C	D
a．	×	×	○	×
b．	×	○	×	○
c．	○	○	×	○
d．	○	×	○	×
e．	×	×	×	○

問題 24

描画法に関する次の記述のうち，正しいものの組み合わせを下のａ～ｅの中から一つ選びなさい。

A．HTPP テストは，「家」，「木」，「現在の自分」，「理想の自分」を描かせる。

B．風景構成法のアイテムは，「山」から順番に伝えていく。

C．Goodenough, F. L. の人物画テストでは，描かれた人物の構造から知能の発達水準を見立てる。

D．バウムテストにおける一線幹は，発達的には早期に出現しやすい。

（組み合わせ）

ａ．A　B
ｂ．A　C
ｃ．B　C
ｄ．B　D
ｅ．C　D

問題 26

DSM-5 に関する次の記述のうち，正しいものに○，誤っているものに×をつけた場合，下の a ～ e の組み合わせの中から，正しいものを一つ選びなさい。

A．反応性アタッチメント障害（反応性愛着障害）には，過度に馴れ馴れしい言語的または身体的行動が認められる。
B．自閉スペクトラム症（自閉症スペクトラム障害）は，社会的コミュニケーションの問題が発達早期から認められる。
C．限局性学習症（限局性学習障害）は，学習スキルに困難があり，知的能力障害と併存することが多い。
D．注意欠如・多動症（注意欠如・多動性障害）は，秩序破壊的・衝動制御・素行症群の中に分類される。

（組み合わせ）

	A	B	C	D
a．	○	○	×	○
b．	×	×	○	×
c．	○	×	×	○
d．	×	○	×	×
e．	×	×	○	○

問題 34

次の文章の空欄〔A　B　C　D〕に該当する語句として，下の a ～ e の組み合わせの中から，正しいものを一つ選びなさい。

それぞれの心理尺度の得点は，平均値や標準偏差が異なり他尺度の得点と直接に比較することはできないため，［　A　］と呼ばれる処理を経て比較可能となる。その処理は，平均値が0，標準偏差が1になるように変換され，変換された得点は標準得点と呼ばれる。言い換えれば，標準得点は，平均値を基点（0点）とし，標準偏差を単位とした得点である。なお，［　B　］は，基点を50点として1標準偏差が10点になるように，標準得点をさらに変換したものである。他方，ウェクスラー式知能検査では，基点を100点として1標準偏差が［　C　］点になるように作成されている。したがって，FSIQの70点から130点の間には，全標本の約［　D　］％の被検査者が含まれていると推定される。

（組み合わせ）

	A	B	C	D
a．	恒常化	偏差値	15	68
b．	標準化	偏差値	15	68
c．	恒常化	臨界値	10	96
d．	標準化	偏差値	15	96
e．	標準化	臨界値	10	68

問題 40

司法面接に関する次の記述のうち，正しいものに○，誤っているものに×をつけた場合，下のa～eの組み合わせの中から，正しいものを一つ選びなさい。

A．主たる目的は，精度の高い情報を子どもからより多く得ることにある。

B．1回目の面接で子どもとのラポールを形成し，2回目の面接で子どもから情報を得る。

C．子どもが自ら問題解決に向かうことができるように援助する。

D．質問は，すべて「はい」「いいえ」で答えられるように構成されている。

（組み合わせ）

	A	B	C	D
a．	○	○	×	×
b．	○	×	×	×
c．	×	○	○	×
d．	×	×	○	○
e．	○	○	×	○

問題 41

次の文章の空欄〔A　B　C　D〕に該当する語句として，下のａ～ｅの組み合わせの中から，適切なものを一つ選びなさい。

ロールシャッハ・テストには，いくつかのシステムがある。それらのシステムは共通する部分が多いが，一部に違いがみられる。例えば，［　A　］では，施行時の座り方について具体的な定めはないが，［　B　］では，非言語的な手がかりを少なくするために，検査者と被検査者は横並びに座る。また，［　C　］の記録も２つの方法では異なる。さらに，［　B　］やR-PAS（Performance Assessment System）では，［　D　］を統制する実施法が採用されている。

（組み合わせ）

	A	B	C	D
a．	包括システム	片口法	反応時間	反応数
b．	片口法	包括システム	反応時間	反応数
c．	包括システム	片口法	図版回転	反応数
d．	片口法	包括システム	図版回転	図版数
e．	包括システム	片口法	反応時間	図版数

問題 43

ロールシャッハ・テストに関する次の記述のうち，正しいものの組み合わせを下のａ～ｅの中から一つ選びなさい。

A．ΣF＋％＝75（包括システムではX＋％＝70）の場合，現実吟味力はかなり低い。

B．混交反応は，重篤な思考障害の指標である。

C．統合失調症の可能性を検討するために，逸脱言語表現（包括システムでは特殊スコア）に注目する。

D．抑うつ指標として，修正BRS（包括システムではPTI）がある。

（組み合わせ）

a．A　B

b．A　C

c．B　C

d．B　D

e．C　D

問題 44

神経心理学検査とそのアセスメント内容に関する次の組み合わせの中から，正しいものを一つ選びなさい。

a．長谷川式認知症スケール（HDS-R）——高齢者の知能指数
b．ベンダー・ゲシュタルト・テスト（パスカル・サッテル法）——視覚情報の記憶
c．時計描画検査——不安の程度
d．COGNISTAT——物語作成を通した想像力
e．リバーミード行動記憶検査——展望記憶

問題 46

発達障害児者の特性・特徴を評価するスケールと，そのスケールが測定する主な内容および実施方法の組み合わせの中から，最も適切なものを一つ選びなさい。

スケール	主な測定内容	実施方法
a．CAARS	ASD 特性	質問紙／自己・他者評価
b．M-CHAT	ADHD 特性	質問紙／親評価
c．感覚プロファイル	感覚処理	実験観察法
d．PARS-TR	LD 特性	半構造化面接／自己評価
e．Vineland-II	適応行動	半構造化面接／他者評価

＊ ASD：自閉スペクトラム症，ADHD：注意欠如・多動症，LD：学習障害

問題 48

P–F スタディに関する次の記述のうち，最も適切なものの組み合わせを下の a ～ e の中から一つ選びなさい。

A．P–F スタディは，被検査者の反応語をアグレッションの型・方向・強度の 3 次元により分類する。

B．P–F スタディにおけるアグレッションには，アサーションの意味が含まれる。

C．児童期における GCR％は，精神発達の影響を受けるので年齢に反比例して変化する。

D．超自我阻害場面とは，欲求不満状況の原因が自分にあり，他者から非難を浴びる場面である。

（組み合わせ）

a．A　B
b．A　C
c．B　C
d．B　D
e．C　D

問題 50

質問紙法に関する次の記述のうち，正しいものの組み合わせを下の a ～ e の中から一つ選びなさい。

A．TEG は，「イド」「自我」「超自我」の 3 つのバランスを測定する。

B．YG 性格検査は，10 の基本的臨床尺度を測定する。

C．NEO–PI–R は，「神経症傾向」「外向性」「開放性」「調和性」「誠実性」を測定する。

D．MPI は，「神経症的傾向」「外向性-内向性」を測定する。

（組み合わせ）

a．A　B
b．A　C
c．B　C
d．B　D
e．C　D

問題 51

コラージュ療法に関する次の記述のうち，適切なものに○，適切でないものに×をつけた場合，下のａ～ｅの組み合わせの中から，正しいものを一つ選びなさい。

A．コラージュ療法は，精神病水準の人のみを対象とする心理療法である。
B．できあがったコラージュ作品については，クライエントの内的世界を理解するために，臨床心理士は必要に応じて質問を行う。
C．クライエント本人が制作を望み，安全に実施できる限りは，高齢者を除くどの年齢でも心理療法に取り入れることができる。
D．台紙に余白があるときは，臨床心理士はさりげなく指摘して，クライエントが多くの表現ができるようサポートする。

（組み合わせ）

	A	B	C	D
a．	×	×	○	○
b．	○	○	×	×
c．	○	×	○	×
d．	×	○	×	○
e．	×	○	×	×

事例問題

次の事例を読んで，**問題 57** から**問題 58** の設問に答えなさい。

【事例】

緊急帝王切開で生まれたＡさんは，2,000 g 前後の低出生体重児だった。生後すぐに新生児集中治療室（NICU）へ入院となった。母親は毎日面会に来ていたが，面会時の様子や言動から，母親には軽度の知的障害があることが疑われた。父親は仕事が忙しく，あまり面会に来ていなかった。そのため，退院後の育児が心配だと，担当看護師から NICU で活動する臨床心理士に伝えられた。

問題 57（事例問題）

本事例における臨床心理士の対応に関する次の記述のうち，適切なものに○，適切でないものに×をつけた場合，下のａ～ｅの組み合わせの中から，<u>正しいもの</u>を一つ選びなさい。

Ａ．できるだけ早く児童相談所と連携して，乳児院への入所へつなげるようにする。

B．他の家族とも面談を行い，母親を中心とした育児ができるように環境を整える。

C．まず初めに，保健師に家庭訪問を通した育児の具体的な指導をお願いする。

D．母親と面接を行い，育児についての思いを受容的に聴き，支持的な助言を行う。

（組み合わせ）

	A	B	C	D
a．	×	○	×	×
b．	○	×	○	○
c．	×	○	×	○
d．	○	×	○	×
e．	×	○	○	○

問題 58（事例問題）

かかりつけの病院から，Ａさんの母親に対して健診など地域の資源にもつながるように助言があったようで，２歳の歯科検診にはＡさんと母親が訪れ，３歳児健診もきちんと受診した。言葉の発達がややゆっくりで，やりとりの未熟さが認められたが，明らかな遅れはみられず，周囲にサポートしてもらいながら母親なりに育児を行っていた。３歳６カ月に保育園に入園したＡさんは，４歳児クラスになって，友達の遊びの中に入っていけない，集団行動にワンテンポ遅れてしまうなど，気になる行動が認められるようになってきた。保育園には，臨床心理士が巡回相談をしており，Ａさんの様子を心配した担任から相談があった。

本事例における臨床心理士の対応に関する次の記述のうち，適切なものに○，適切でないものに×をつけた場合，下のａ～ｅの組み合わせの中から，正しいものを一つ選びなさい。

A．保育園の担任と面談を行い，Ａさんの様子について聞きとる。
B．Ａさんの様子を観察し，そのアセスメントや対応を担任に伝える。
C．保護者との面接を設定してもらい，専門機関への受診を勧める。
D．母親のサポート資源を知るために，他の保護者から情報を得る。

（組み合わせ）

	A	B	C	D
a．	○	○	×	×
b．	○	×	○	○
c．	○	○	○	○
d．	×	○	○	×
e．	○	×	×	○

問題 60

発達障害をかかえる青年に対して，公的機関で就労支援を行う臨床心理士の対応に関する次の記述のうち，適切なものに○，適切でないものに×をつけた場合，下のａ～ｅの組み合わせの中から，正しいものを一つ選びなさい。

A．本人の意思を尊重し，たとえ本人にとっては困難と思われる職種でも，後押しをする。
B．本人の能力をアセスメントし，本人にあった職種や職場を保護者と相談して決める。
C．就労のことだけではなく，自立した生活を送れるように，生活設計を一緒に考える。

D．就労についての社会資源を活用できるように，情報提供を行う。

（組み合わせ）

	A	B	C	D
a．	○	×	○	×
b．	○	×	○	○
c．	○	○	×	×
d．	×	×	○	○
e．	×	○	×	○

問題 68

次の文章の空欄〔A　B　C　D〕に該当する語句として，下の a ～ e の組み合わせの中から，正しいものを一つ選びなさい。

Sullivan, H. S. は，精神病理の発生には，対人関係において生じる［　A　］という体験が関係していると強調した。人は［　A　］を回避するために［　B　］と呼ばれる回避のシステムを用いるが，重要な他者との間で繰り返された回避のパターンは，様々な人間関係の中でも無差別に用いられるので，［　C　］的な歪みが生じてしまうとした。この体験様式の歪みを修正するのが，思春期に入るまでの同性の親友である［　D　］との親密体験や，ギャングと呼ばれる仲間集団との体験，あるいは参与観察による面接者との「新しい」かかわりである。

（組み合わせ）

	A	B	C	D
a．	葛藤	安全保障操作	パラタクシス	イマジナリーフレンド
b．	葛藤	防衛機制	プロトタクシス	チャム
c．	不安	安全保障操作	パラタクシス	チャム
d．	葛藤	安全保障操作	シンタクシス	イマジナリーフレンド
e．	不安	防衛機制	プロトタクシス	チャム

事例問題

次の事例を読んで，**問題 70** から**問題 71** の設問に答えなさい。

【事例】

Aさん（20歳代，男性）は，就職をきっかけに頻回の手洗いとシャワー，着替えなどを行うようになった。手洗いやシャワーに費やす時間はどんどん増えていき，仕事にも支障をきたすようになった。精神科を受診したところ，強迫症／強迫性障害と診断され，薬物療法を中心とした治療を受けたが十分な改善がみられなかった。このため主治医より院内の臨床心理士に心理療法が依頼された。

面接前に主治医から得られた情報では，Aさんは床やトイレ，洗面所などに接触すると自分の身体が汚れてしまったと感じてしまい，10分以上入念に手を洗う，あるいはわずかな時間の外出でもシャワーで身体をきれいに洗うなどの強迫行為を行っていた。また，本人はこのような行為がばからしく過剰であると感じているものの，不快な感情に耐えきれず行ってしまっているということだった。現在のところ，うつ病や統合失調症の併発は認められていない。

問題 70（事例問題）

本事例における臨床心理士の心理療法の方針に関する次の記述のうち，適切なものの組み合わせを下のａ～ｅの中から一つ選びなさい。

Ａ．強迫症には認知行動療法が最適な心理療法であることが臨床研究により証明されていることから，その情報提供を行ったうえで，認知行動療法を実施する。
Ｂ．主治医の情報を参考にしつつも，Ａさん自身が感じている生活の困り事を具体的に確認すると同時に，Ａさんが症状に振り回されていない時の様子なども確認する。
Ｃ．臨床心理士自身が，自分の臨床技術や経験を考慮したうえで，効果が高いと判断された心理療法をＡさんに提案する。
Ｄ．Ａさんが強迫症に対してエビデンスが示されていない心理療法を希望した場合には，効果が確認されていないことを説明し，「希望される方法は実施できない」と伝える。

（組み合わせ）
ａ．Ａ　Ｂ
ｂ．Ａ　Ｃ
ｃ．Ｂ　Ｃ
ｄ．Ｂ　Ｄ
ｅ．Ｃ　Ｄ

問題 71（事例問題）

Ａさんとの間で認知行動療法を進めていくことになった。その中で，家族がＡさんの強迫行為に巻き込まれていることが明らかになってきた。具体的には，Ａさんが着替えることによって大量に発生する洗濯物をすべて処理したり，言われるままに石けんや消毒薬を補充したり，十分に洗えていたかを尋ねられると，「もう大丈夫だよ」と保証を与えていたことが明らかになった。

本事例において臨床心理士による，Ａさんと家族へのかかわりに関する次の記述のうち，適切なものに○，適切でないものに×をつけた場合，下のａ～ｅの組み合わせの中から，正しいものを一つ選びなさい。

Ａ．家族が行っている行為が，Ａさんの強迫症状の維持にかかわっている可能性について具体例をあげながら，Ａさんに心理教育を行う。

Ｂ．より客観的で正確な情報を確認し，家族がＡさんに抱いている本音を聞き出すため，Ａさんとは別に家族に来談してもらい情報収集を行う。

Ｃ．家族に対して，自分のことにかまわないようにとお願いすることをＡさんに勧める。

Ｄ．家族もまたＡさんの強迫行為に困っていると考え，家族への支援体制も検討する。

（組み合わせ）

	Ａ	Ｂ	Ｃ	Ｄ
ａ．	○	○	○	○
ｂ．	○	○	×	×
ｃ．	×	○	○	×
ｄ．	×	×	×	○
ｅ．	○	×	×	○

問題 73

森田療法に関する次の記述のうち，正しいものに○，誤っているものに×をつけた場合，下のａ～ｅの組み合わせの中から，正しいものを一つ選びなさい。

Ａ．森田療法は本来入院して行う治療法として確立したが，現代では，社会の変化に応じて入院治療は少なくなり，外来療法，日記・通信療法，自助グループの３つを活用して行われることが多い。

Ｂ．自助グループは森田療法の考えを学ぶ場であり，悩みをかかえる人同士の交流の場で，この療法が始められた当初から積極的につくられ，森田療法の大きな一部として成長してきた。

Ｃ．外来療法の治療初期では，クライエントが自分の症状について抱いているイメージと現実を区別し，予期不安を棚上げにして，現実に一歩踏み出し，生活世界とのかかわりを増やすように指導する。

Ｄ．現実や，他の人の気持ちを思いどおりにしようとすることは不可能であることを知り，不安な感情をコントロールすることを治療の目標に据える。

（組み合わせ）

	A	B	C	D
ａ．	○	×	○	×
ｂ．	○	○	○	×
ｃ．	○	×	×	○
ｄ．	×	○	○	×
ｅ．	×	×	○	○

問題 74

力動的心理療法における転移と逆転移に関する次の記述のうち，正しいものに○，誤っているものに×をつけた場合，下のａ～ｅの組み合わせの中から，正しいものを一つ選びなさい。

Ａ．転移は，分析状況で生じ，日常の対人関係では生起しない。
Ｂ．統合失調症の人と会った際に生じることがあるプレコックス感は，自然な逆転移である。
Ｃ．逆転移は，クライエントの心的現実や転移状況を理解する手がかりの一つである。
Ｄ．面接場面での転移は，「今，ここで」の体験として扱う。

（組み合わせ）

	Ａ	Ｂ	Ｃ	Ｄ
ａ．	×	×	○	○
ｂ．	○	×	○	×
ｃ．	×	○	×	○
ｄ．	○	○	×	×
ｅ．	×	○	○	○

問題 76

Gendlin, E. T. のフォーカシング指向心理療法に関する次の記述のうち，正しいものに○，誤っているものに×をつけた場合，下のａ～ｅの組み合わせの中から，正しいものを一つ選びなさい。

Ａ．フェルトセンスは，概念的・言語的な領域で感じられる。
Ｂ．体験過程は，フォーカシングによって，最終的に外から客観的に観察されうるものとなる。

C．フェルトセンスから象徴化を行って，ある象徴が表出されるというプロセスは直線的に展開する。

D．フェルトセンスにハンドルがつくと，体験過程の象徴化が深まる。

（組み合わせ）

	A	B	C	D
a．	×	○	○	×
b．	○	○	×	○
c．	○	×	○	○
d．	×	×	×	○
e．	○	○	×	×

問題 77

家族合同面接での臨床心理士の行動や態度に関する次の記述のうち，適切なものに○，適切でないものに×をつけた場合，下のａ～ｅの組み合わせの中から，正しいものを一つ選びなさい。

A．面接室において，誰がどこの席に座るか，誰から話し始めるのかを観察する。

B．家族の言葉づかいや独特の表現を取り入れながら，面接を進めていく。

C．その場での家族のやりとりよりも，話の内容に注意を向ける。

D．家族成員の誰に対しても公平に肩入れをして，中立性を保つ姿勢を維持する。

（組み合わせ）

	A	B	C	D
a.	○	○	○	×
b.	○	○	×	○
c.	○	×	×	○
d.	×	○	○	×
e.	×	×	○	○

問題 78

解決志向ブリーフセラピーに関する次の記述のうち，正しいものに○，誤っているものに×をつけた場合，下のａ～ｅの組み合わせの中から，正しいものを一つ選びなさい。

A．クライエントと一緒にウェルフォームド・ゴールを設定する。
B．「うまくいかないとき」の条件を丁寧に査定して，解決の道筋を探る。
C．リソースに着目し，コンプリメントを積極的に使用する。
D．ミラクル・クエスチョンなどを用いて，解決のイメージを描き出す。

（組み合わせ）

	A	B	C	D
a.	×	○	○	×
b.	×	○	○	○
c.	○	×	×	○
d.	○	×	○	○
e.	○	○	×	○

問題 86

労働者の安全と健康に関する次の記述のうち，正しいものの組み合わせを下のａ～ｅの中から一つ選びなさい。

A．「過労死等」とは，業務における過重な負荷による脳・心臓疾患や，精神障害を原因とする死亡や疾患のことである。

B．労働者が自らのキャリアについて定期的に考え，目標に向けて必要な知識・能力・スキルを調和させていくことをワークライフバランスという。

C．ストレスチェック制度の目的は，労働者に自らのストレスの状況について気づきを促し，メンタルヘルス不調になることを未然に防止することである。

D．自分のミスを挽回するために月 80 時間残業することは，長時間労働には該当しない。

（組み合わせ）

ａ．A　B

ｂ．A　C

ｃ．A　D

ｄ．B　D

ｅ．C　D

問題 87

コミュニティ・アプローチに関する次の記述のうち，正しいものの組み合わせを下のａ～ｅの中から一つ選びなさい。

A．エンパワーメントとは，他者とのつながりを形成するプロセスである。

B．ソーシャルサポートとは，ある個人がその人を取り巻く他者から得られる支援のことである。

C．ネットワーキングとは，人々が自分の生活をより能動的にコントロールできる能力を高めるプロセスである。

D．第一次予防とは，健康な人を健康のままに保つことを目的とした予防である。

（組み合わせ）

a．A　B

b．A　C

c．B　C

d．B　D

e．C　D

事例問題

次の事例を読んで，**問題 94** から**問題 96** の設問に答えなさい。

【事例】

中学生のＡさんが，面識のない通行人をいきなりナイフで切りつけ，傷害を負わせるという事件を起こした。詳細は不明だが，被害者の怪我の程度はかなり重く，生命の危険もあるとのことである。Ａさんの通う中学校では，事件を重く受けとめ，学校としての対応を協議することとした。そこに，Ａさんの保護者から連絡があり，保護者としてどのように対応すればよいのかを相談したいという要望があった。

この中学校に勤務している学校臨床心理士（スクールカウンセラー）もこの協議に参加することになった。そこで，少年事件の取扱いについて確認するため，改めて少年法や関係する法律を調べることにした。Aさんが起こした事件が，今後どのように扱われ，どのような処分を受ける可能性があるのか，学校とAさんの保護者が，正確な情報を共有する必要があると考えた。

問題 94（事例問題）

学校臨床心理士が少年法を調べたところ，Aさんの年齢によって，事件の扱われ方が異なることがわかった。年齢に応じた事件の取扱いに関する次の記述の中から，正しいものを一つ選びなさい。

a．Aさんが13歳であれば，触法少年であるので，警察による調査が行われ，児童相談所長に事件が送致される。
b．被害者が死亡した場合，Aさんが13歳であっても，警察は，児童相談所長ではなく，家庭裁判所に事件を送致しなければならない。
c．Aさんが13歳であれば，触法少年であるので，少年院送致決定になることはない。
d．Aさんが14歳であれば，犯罪少年であるので，警察，検察官による捜査が行われ，検察官が，刑罰が相当でないと判断した場合に，家庭裁判所に事件が送致される。
e．被害者が死亡した場合，Aさんが14歳であれば，「故意に被害者を死亡させた事件については原則として検察官送致決定をしなければならない」という制度の対象となる。

問題 95（事例問題）

Aさんの事件は，家庭裁判所に送致された。家庭裁判所に事件が送致された後，審判までの間にどのようなことが行われるのか，また，審判はどのようなものなのか。次の記述のうち，正しいものに○，誤っているものに×をつけた場合，下のａ～ｅの組み合わせの中から，最も適切なものを一つ選びなさい。

A．Ａさんは審判までの間，家庭裁判所調査官による社会調査を受けることになる。社会調査では，Ａさんだけでなく，保護者も調査の対象となる。

B．Ａさんは，裁判官の決定により，少年鑑別所に収容される可能性がある。少年鑑別所では，審判までの間，再非行を防止するためのカウンセリングを受けることになる。

C．Ａさんは，観護措置をとられ，鑑別を受ける可能性がある。鑑別とは，医学，心理学，教育学などの専門的知識に基づいて，鑑別対象者に責任能力があるか否かを明らかにすることである。

D．審判期日には，少年及び保護者を呼び出さなければならないことになっているので，Ａさんの保護者も審判に出席し，審判に関与することになる。

（組み合わせ）

	A	B	C	D
ａ．	○	×	×	○
ｂ．	×	○	×	○
ｃ．	○	×	○	×
ｄ．	×	×	○	○
ｅ．	○	○	×	×

問題 96（事例問題）

Ａさんが審判で受ける可能性のある処分に関する次の記述のうち，正しいものの組み合わせを下のａ～ｅの中から一つ選びなさい。

Ａ．少年法に定められている保護処分は，保護観察・試験観察・児童自立支援施設送致又は児童養護施設送致・少年院送致の４種類である。
Ｂ．少年院法に定められている少年院には，第１種・第２種・第３種・第４種の４種類がある。
Ｃ．Ａさんが少年院送致となった場合，Ａさんの心身に著しい障害がなければ，中学生であるＡさんが送致される少年院は，第１種少年院である。
Ｄ．Ａさんが保護観察となった場合，保護観察の期間は２年間である。

（組み合わせ）
ａ．Ａ　Ｃ
ｂ．Ａ　Ｄ
ｃ．Ｂ　Ｃ
ｄ．Ｂ　Ｄ
ｅ．Ｃ　Ｄ

事例問題

次の事例を読んで，**問題 98** から**問題 100** の設問に答えなさい。

【事例】

７月はじめに，学校臨床心理士（スクールカウンセラー）のところに，気になる生徒Ａさん（中学１年生，男子）がいると担任から相談があった。Aさんはクラスの生徒とうまくコミュニケーションが取れず，授業におけるグループ作業でトラブルを起こしがちであるという。具体的には，他の生徒の意見を聞かずに，自分の考えだけで課題を進めてしまったり，そのことを同じグループの生徒から指摘されると，暴言を吐いたりするなどである。教職員の中には，発達障害の可能性を考える者もいるとのことであった。

問題 98（事例問題）

担任からの相談に対する学校臨床心理士の初期対応に関する次の記述のうち，正しいものに○，誤っているものに×をつけた場合，下のａ～ｅの組み合わせの中から，正しいものを一つ選びなさい。

A．まず最初に発達障害の有無を明らかにする必要があるため，Aさんに対して WISC-Ⅳを実施する。

B．担任や他の教職員から，小学校からの申し送りや最近のAさんの学校生活の様子について情報を得る。

C．Aさんに発達の偏りがある可能性をふまえ，担任に，学校臨床心理士ではなく，特別支援教育コーディネーターに相談するよう伝える。

D．Aさんの保護者にすぐに連絡を取り，これまでの成長の様子や家庭での状況を尋ねる。

（組み合わせ）

	A	B	C	D
a．	×	○	×	×
b．	○	○	×	×
c．	×	×	○	×
d．	○	×	×	○
e．	○	×	○	○

問題 99（事例問題）

夏休み明けに，担任から学校臨床心理士に相談があり，次のように語った。

「９月に入り，Ａさんの欠席が１週間続いた。保護者に連絡をして状況を確認したところ，保護者は，『Ａさんがクラスメートからいじめられているのではないか，クラスの生徒に対する指導を徹底してほしい』と要望を伝えてきた。担任として，今後，どのようにかかわればよいのだろうか」。

担任からの相談に対する学校臨床心理士の対応に関する次の記述のうち，正しいものに○，誤っているものに×をつけた場合，下のａ～ｅの組み合わせの中から，正しいものを一つ選びなさい。

Ａ．不登校には早期対応が効果的であるため，保護者に対して教育支援センター（適応指導教室）の利用を勧めるように助言する。
Ｂ．他の教職員とも情報共有をはかり，Ａさんの学校生活全体の様子を詳しく把握するように助言する。
Ｃ．いじめについては担任ではなく，学校臨床心理士に直接相談する必要があることを保護者に伝えるように助言する。
Ｄ．保護者に来校してもらい，担任が保護者と直接話をして状況を確認し，今後の対応を継続的に考えていく場を設けるように助言する。

（組み合わせ）

	A	B	C	D
a．	○	○	×	○
b．	○	○	×	×
c．	×	×	○	×
d．	×	○	×	○
e．	○	×	○	×

問題 100（事例問題）

その後，Ａさんは保健室登校を開始した。養護教諭から，Ａさんが教室に復帰したいと考え始めているようだと伝えられた担任が，学校臨床心理士に教室への復帰の際の留意点について助言を求めてきた。

この際の学校臨床心理士の対応に関する次の記述のうち，正しいものに○，誤っているものに×をつけた場合，下のａ～ｅの組み合わせの中から，正しいものを一つ選びなさい。

Ａ．Ａさんの授業を担当する教職員に，欠席していた期間の授業内容や配付資料について，配慮を依頼するように助言する。

Ｂ．守秘義務の観点から，Ａさんのクラスの生徒に対しては，Ａさんが休んでいたことを話題にしないように指導する必要があると助言する。

Ｃ．教室に復帰できた場合にも安心せず，しばらくはＡさんの学校生活について，継続的に注意深く見守るように助言する。

Ｄ．クラスにおける友人関係の回復を最優先し，Ａさんが保健室登校を継続しないように指導する必要があると助言する。

（組み合わせ）

	A	B	C	D
a．	○	×	○	×
b．	○	○	×	×
c．	×	×	○	×
d．	○	○	×	○
e．	○	×	○	○

II

公表試験問題の正答と解説

平成 29 年度試験問題の正答と解説

問題 1……正答 e

心理学史に関する問題ではあるが，臨床心理学に関連した設問となっている。心理クリニックと Witmer, L. の組み合わせがやや難しいかもしれないが，そのほかは基本的な組み合わせである。

a　**誤り（×）。**「心理クリニック」は，Witmer, L. により，1896 年にペンシルベニア大学に世界で初めて開設された。臨床心理学の用語もこの時から使われるようになった。

b　**誤り（×）。**「クライエント中心療法」は，Rogers, C. R. が提唱したカウンセリングの理論とその技法である。

c　**誤り（×）。**「夢判断」は Freud, S. により 1900 年に発表された。

d　**誤り（×）。**「行動主義」は Watson, J. B. により唱えられ，学習理論の基盤となる理論である。彼の白ネズミを用いた幼児の恐怖条件づけは，その後の行動療法の開発のさきがけとなった。

e　**正しい（○）。**「二重拘束説」は，Bateson, G. によって唱えられたコミュニケーション理論である。A さんが B さんに「怒ってないの」とたずねたとき，B さんが「怒ってないよ」と穏やかに答えればメッセージの矛盾はないが，不機嫌な表情で冷たく「怒ってないよ」と答えると矛盾が生じる。このような矛盾したコミュニケーションは，不適応を生じさせると考えられている。家族療法の理論的背景のひとつとなっている。

以上の理由から，

a，b，c，d は誤りで，正答は　e　となる。

問題４……正答ｃ

われわれが日ごろ行っている意思決定や認識にはさまざまなバイアスが影響している。人の情報処理能力には限界があり，簡便に情報処理を行うには直観的な思考が働き，さまざまな認知バイアスが生じると言われている。臨床心理士が，クライエントの行動や思考を適切に理解し支援するには，持ちやすい認知バイアスの特徴を知っておくことは重要である。

A　正しい（○）。日ごろ接している情報や目立つ出来事を過大視する傾向は，利用可能性（可用性）バイアスと呼ばれている。車より飛行機に乗ることの方が危険だと思う傾向は，飛行機事故が情報として大きく報道されるからである。

B　正しい（○）。ある考えや仮説を検証しようとする場合，その仮説などに合致する情報を選択的に認知したり，重要だと判断したりする傾向を確証バイアスと言う。正夢と思うのは確証バイアスである。

C　誤り（×）。自国民の方が外国人よりも正直で誠実だと思うのは内集団バイアスである。後知恵バイアスは，もの事が起きた後で，そのことは前もってわかっていたはずだと考え，当時の情報を過大に見積もってしまうことを言う。

D　正しい（○）。避難警報が発令されても人々が避難しようとしないのは，自分にとって都合の悪い事実や情報を過小評価する，正常性バイアスが背景にある。

以上の理由から，

ａ，ｂ，ｄ，ｅは誤りで，正答は　ｃ　となる。

問題６……正答ａ

Freud, S. の古典的な精神分析における人格理論であるが，その後の臨床心理学的人格理論の発展に寄与した基本的な考え方であり，また，カウンセリング関係においても，クライエントの問題の理解のための一つの枠組みとなることから，臨床心理学を学ぶうえで理解しておいてほしい理論である。

A　正しい（○）。Freud, S. は，心を「自我」「超自我」「エス」の３者からなるとして，３者の力動的関係を心の構造理論として体系化した。

B　正しい（○）。自我は，外界，超自我，エスという３者から痛めつけられ，おびやかされ，その勢力や影響力を受け止めながら何とかして調和を作りだそうと奮闘していると考えられた。心の力動理論である。

C　誤り（×）。Freud, S. は，超自我はエスではなく，「自我に対して行動の規範を突き付け，自我がそれに従わない場合には劣等性と罪悪意識という緊張感情をもって自我を罰する」としている。

D　誤り（×）。Freud, S. は，エスと自我の関係について，「荒馬を統御する騎手」の例えで，自我を騎手，荒馬をエスとすると，エスは自我によって常にコントロールされているわけではないと考えていた。

以上の理由から，

b，c，d，eは誤りで，正答は　a　となる。

問題９……正答 e

感情心理学における初期の研究についての知識である。専門課程のみならず，一般教養の心理学においても，感情研究の紹介では必ず紹介されるものである。心理学の教養として臨床心理士が身につけておくべきものと考えられる。

A　James-Lange。通常，情動体験は「悲しいから泣く」という過程として考えられるが，James-Lange 説では，「泣くから悲しい」というように，環境に対する身体的反応が情動を引き起こすと考えられた。情動の抹消説とも呼ばれる。

B　Cannon-Bard。一方，Cannon-Bard説では，情動を引き起こす刺激は，感覚器官から視床を経由して大脳皮質に達し，ここで選択された刺激が視床の抑制を解除し，悲しみや恐れなどの情動が生起すると考えられた。また，同時に内臓にも信号を出し，心臓の鼓動を高める。情動の中枢説とも呼ばれている。

C　Schachter-Singer。SchachterとSingerは，高い生理的覚醒と，その身体反応に対する認知的解釈により情動体験が生じると考えた。2要因情動説とも呼ばれている。

D　Lazarus, R. S.。Lazarus, R. S.は，刺激や状況を脅威的なものとそうでないものに弁別する過程を「認知的評価」と名づけ，脅威か否かの評価を行う1次的評価と，対処可能かどうかの2次的評価があるとして，認知-動機づけ関係理論を提唱した。

以上の理由から，

a，b，c，d，は誤りで，正答は　e　となる。

問題11……正答d

高齢化社会を迎え，今後は高齢者を支援対象とする臨床心理士も増えるであろう。高齢者が抱える問題の一つに記憶がある。健康であっても記憶力は加齢と共に低下する。またアルツハイマー型認知症の主症状としての記憶力の低下という面も見逃せない。そのために，臨床心理士は記憶のメカニズムに関してある程度の知識はもっておくべきだと考える。

A　側頭葉。切除されたのは，海馬を含む側頭葉の内側である。学部生レベルの教科書には普通，H. M. 氏の手術と術後の症状に関する記載が出ている。海馬の場所が脳の中心あたりだということを知っていれば，「前頭葉」と答えることはない。

B　前向健忘。「新しい事柄の記憶ができない」に該当するのは前向健忘。

C　**手続き記憶。**鏡映描写学習のような運動課題により得られるタイプの記憶を「手続き記憶」と呼ぶ。

D　**宣言的記憶。**「事実や出来事」に関する記憶を「宣言的記憶」と呼ぶ。

以上の理由から，

a，b，c，eは誤りで，正答は　d　となる。

問題12……正答a

テストの信頼性と妥当性に関する基礎知識は，業務として心理テストを行うことが多い臨床心理士にとっては理解の必要がある。また，さまざまな心理尺度を用いて，臨床心理学研究を行う者にとっても必須の知識であろう。

A　**正しい（○）。**脳体積はMRI画像から正確に測ることができるためにその測定値の信頼性は高いといえる。しかし知能と脳体積との間の相関は低いことから，知能を調べるという目的のために脳体積を測ることの妥当性は低い。

B　**誤り（×）。**クロンバックのα係数はテストの妥当性ではなく信頼性を推定する値となる。

C　**正しい（○）。**外的基準との相関が高いとき，基準連関妥当性を満たすという。外的基準が既存の類似尺度であれば，併存的妥当性と呼ばれるが，この場合は，適性検査後の業務成績なので，予測的妥当性を測定したことになる。

D　**誤り（×）。**集団差があると予測される2グループに対してテスト得点に差が生じるときは，構成概念的妥当性があると考えられる。したがって「妥当性は高いといえる」となる。

以上の理由から，

b，c，d，eは誤りで，正答は　a　となる。

問題14……正答a

統合失調症は，精神科心理臨床においてはメインとなる病態のひとつである。とりわけ統合失調症の発症要因に関する医学的知見は，臨床心理士としてぜひとも備えておかなければならないものである。特に，精神科病院に勤務する臨床心理士や実習を行う大学院生は必要な知識であろう。精神科医との連携もこれからますます重要となるので，精神薬理に関する知識もぜひ習得しておきたいものである。

A　**正しい（○）**。脳の中脳辺縁系のドーパミン受容体を遮断することで，統合失調症に伴う幻覚が低減するため，ドーパミンの過剰放出が陽性症状を引き起こすと考えられている。

B　**正しい（○）**。感情鈍麻や意欲低下などの陰性症状は，中脳皮質系のドーパミン機能低下により生じる。

C　**正しい（○）**。神経伝達物質であるドーパミンは，快情動に関与し，報酬効果を持つといわれている。

D　**誤り（×）**。抗精神病薬は，中脳辺縁系にあるドーパミン2型（D_2）受容体とのドーパミン結合を阻害させる。よって「促進」ではなく「遮断または阻害」が正答となる。

以上の理由から，

b，c，d，eは誤りで，正答は　a　となる。

問題18……正答d

Bowlby, J. のアタッチメント理論の背景の理解に関する設問である。アタッチメント理論に関する知識だけでなく，どのような経緯でこの理論が形成されてきたのか，幅広い知識を問う問題と言えるだろう。

A　**精神分析家**。アタッチメント理論を構築したBowlby, J. は初期にはクライン派の「精神分析家」の訓練を受けている。

B　**動物行動学**。

C　**幻想**。

D　**現実**。しかし，児童相談所に勤務した経験から，「現実」の母子関係が人格発達に与える重要性に気づき，無意識の「幻想」や欲動に重きを置く精神分析理論に疑問を抱くようになった。そして対象関係論的な精神分析的発達理論の中に「動物行動学」やシステム理論などの最新の科学的知見を取り入れながら，アタッチメント理論を発展させていった。

以上の理由から，

a，b，c，eは誤りで，正答は　d　となる。

問題21……正答d

心理検査を用いたアセスメントを行う臨床心理士にあっては，各検査の基礎的な理論や，検査が測定する概念について理解しておくことは必須の課題である。本設問は，主要な心理検査を取り上げて，これらに関する理解度を問うことを目的としている。

A　**誤り（×）**。知能検査において実際に算出されるIQ値等の合成変数は，被検査者の真の知能（得点）の推定値である。そこには必ず測定誤差が含まれるため，真の知能そのものと理解することはできない。被検査者の真の知能は，測定誤差を考慮した信頼性区間によってより正確に表現される。

B　**誤り（×）**。折半法は，一つの心理テストの項目群を同等に折半し，それら２つの合計点の関連を検討する手法である。この手法は内的整合性（等質性）の観点から心理テストの信頼性を検討するものである。安定性の観点から心理テストの信頼性を検討する手法の代表は再テスト法である。

C　**正しい（○）**。MMPIには４つの妥当性尺度（疑問尺度，Ｌ尺度，Ｆ尺度，Ｋ尺度）を含むが，Ｌ尺度はそのうちの一つである。Ｌ尺度は，大抵の人なら当然自認するような些細な弱点や欠点を問う項目で構成されており，自分自身を過度に好ましく見せようとする人が高得点を取るようになっている。

D **誤り（×）**。ロールシャッハ・テストにおけるスコア数，比率値，その他の指標は，知能検査や人格検査におけるスコアや合成変数と同等の意味を持つ変数として扱えない。特に，多くの変数が全体の反応数（R）に影響されることがさまざまな先行研究で指摘されている。これはロールシャッハ・テストにおける「R問題」として広く知られている。

以上の理由から，

a，b，c，eは誤りで，正答は　d　となる。

問題 23……正答 a

ロールシャッハ・テストは施行法や解釈法に関してさまざまなシステムが存在するが，ここで問うているのは，あらゆるシステムに共通する事項である。テストの使用に際し，これらの基礎的な知識は押さえておかねばならない。

a **正しい（○）**。反応の適合度を評定する形態水準は，臨床症状との関連が指摘されている。記述のとおり，特に形態水準の著しい低下は，認知や思考の重度の障害を示唆するものと考えられている。

b **誤り（×）**。有彩色図版はⅡ，Ⅲ，Ⅷ，Ⅸ，Ⅹの５枚である。Ⅳは無彩色図版である。

c **誤り（×）**。わが国では，Ⅸ，Ⅹ図版にＰ反応は確認されていない。

d **誤り（×）**。「寝そべっている」という姿勢は，人間運動反応（M）と記号化される。

e **誤り（×）**。Rorschach, H. は，自分の行った実験は下意識からの自由な創造を引き出すものではない，と明言している。

以上の理由から，

b，c，d，eは誤りで，正答は　a　となる。

問題 26……正答 a

使用頻度の高い各種心理検査の特色は，臨床心理士として押さえておきたい最低限の知識である。この設問では，わが国の心理臨床場面でよく用いられる４つの検査を取り上げて，常識性に関連する反応に焦点を当てている。

A　正しい（○）。ロールシャッハ・テストにおけるＰ反応は「平凡反応」とも呼ばれており，これが適度に見られることは，一般的なものの見方ができること，適度の公共性を示す行動がとれること，期待される反応ができることを意味する。

B　正しい（○）。P-Fスタディの「GCR」は「集団順応度または集団一致度（Group Conformity Rating）」と言われ，健常な集団サンプルの標準的な反応と被検査者の反応がどの程度一致しているかを大まかに示すものである。

C　誤り（×）。MMPIのＦ尺度は，項目に対して逸脱方向に答える傾向を検出する目的で構成されたものである。つまり，この尺度は逸脱性（詐病，でたらめ回答を含む）や病理性を測定するものであって，常識性の指標ではない。

D　誤り（×）。YG性格検査のＧ尺度は「一般的活動性」を示し，活発な性格や体を動かすのが好きであることを反映する指標である。これもまた常識性を測定するものではない。

以上の理由から，

b，c，d，eは誤りで，正答は　a　となる。

問題 29……正答 e

子どものアセスメントに関する基礎知識を問う問題である。児童を対象とした相談施設のみならず，学校場面での見立てと援助における必須の知識として，ぜひ押さえておきたい。

A　正しい（○）。欲求不満に対する主観的反応のタイプをみることで，児童の暴力や対人トラブルの背後にある思いを推測することが可能となる。したがって，P-Fスタディを用いるのは有効と考えられる。

B　**誤り（×）**。SCTは言語刺激であるが単語レベルであり，言語表現能力の影響を受けるものの，刺激語を目的に沿って利用もしくは作成できること，自由度の高い言語表現の方法であること，学校場面でも使用しやすいこと，などから子どもに適用することのできる投映法の一つである。

C　**正しい（○）**。ロールシャッハ・テストの形式分析における変数の平均値は年齢によって異なっていることがよく知られている。特に，成人の平均値を子どもの結果の参考にすることには慎重であらねばならない。

D　**正しい（○）**。特に年少の児童の場合は，言語の理解力，表現力が十分ではないため，言語を用いて児童に直接質問を行うのは適切ではない。その場合は，当該児童をよく知る親や教師に，日頃の行動を評定してもらう方法が有効である。

以上の理由から，

a，b，c，dは誤りで，正答は　e　となる。

問題30……正答e

質問紙法の代表的な存在であるMMPIについての基本的な問題である。この設問では，MMPIの主だった特徴についての理解度を問うている。

a　**誤り（×）**。MMPIの妥当性尺度はL，F，Kの3つと，「?(疑問尺度)」を合わせた4つである。

b　**誤り（×）**。右側が相対的に高い場合は「精神病の傾き」と呼ばれる。したがって記述は誤りである。

c　**誤り（×）**。MMPIの質問項目への回答は「あてはまる」「あてはまらない」「どちらでもない」の3種である。ただし実施に際しては，原則として，「あてはまる」「あてはまらない」のどちらかに決めてもらうよう教示せねばならない。

d　**誤り（×）**。MMPIの質問項目を使ってTaylor, J. A. によって新たに作られた不安尺度は，顕在性不安検査 MAS（Manifest Anxiety Scale）である。

e　**正しい（○）**。MMPIは特定のパーソナリティ理論に準拠しておらず，その項目は経験的方法，すなわち健常者群と精神病理群との間で差の認められたものに基づいて構成されている。

以上の理由から，

a，b，c，dは誤りで，正答は　e　となる。

問題31……正答d

質問紙法検査の中には，臨床場面での使用頻度がきわめて高いものの，その検査の基盤となっているパーソナリティ理論については必ずしも知られていないことも多い。しかし，臨床心理士としては，アセスメントの基盤ともいえるパーソナリティ理論に習熟していることが望まれる。

A　**パーソナリティ理論に拠らない（×）**。MMPIは，特定の性格理論に立っておらず，経験的妥当性を基に作成された質問紙法検査である。

B　**パーソナリティ理論に拠らない（×）**。YG性格検査は，パーソナリティの特性論に立脚しているが，特定の性格理論に基づくものではない。

C　**パーソナリティ理論に拠る（○）**。MPI（モーズレイ性格検査）は，イギリスのEysenck, H. J. の特性的性格理論に基づく質問紙法検査である。

D　**パーソナリティ理論に拠る（○）**。TEG-Ⅱは東大式エゴグラムとして，日本で考案された検査であるが，その理論的基盤として，交流分析理論がある。

以上の理由から，

a，b，c，eは誤りで，正答は　d　となる。

問題32……正答a

病態心理ないし異常心理として，思考障害の知識は必須である。なかでも思考の流れの障害である観念奔逸と思考制止，そして思考途絶の区別は，鑑別診断上きわめて重要である。臨床心理士として備えておきたい基本知識である。

A　**正しい（○）**。連想や思考の進み具合がたいへん速い思考障害を，観念奔逸と言う。文献によっては「思考の奔逸」という表現もある。

B　**正しい（○）**。観念奔逸は，主として躁状態や気分の高揚時に認められる病態心理である。

C　**誤り（×）**。連想や思考が突然止まってしまい，頭の中が空っぽのように感じたり，頭が空白となり会話が突然途切れてしまうことは，思考途絶と言う。思考制止は，思考の流れが突然止まるということではなく，思考の流れが緩慢となることである。

D　**誤り（×）**。思考制止は，抑うつ状態やうつ病で典型的に認められる思考障害である。統合失調症では，思考途絶が症状として表れやすい。

以上の理由から，

b，c，d，eは誤りで，正答は　a　となる。

問題35……正答c

復職の判定および支援に関して，臨床心理士の担う役割は大きい。この問題では，職業上のつまずきを有するクライエントの現在の作業効率の程度を把握し，リワークプログラムの内容の検討および復職判定を行うための資料として，WAIS-Ⅲを取り上げている。復職支援に向けて，知的機能の特徴を適切に把握することはきわめて重要である。

A　誤り（×）。全検査IQは112と優れており，その数値だけ見ると問題はないと言える。しかし，群指数では，処理速度が，他の3つの群指数と比較して5％水準で有意差があり低い。したがって，現在のクライエントは，迅速でスムーズな課題処理ができない状態と推測され，バランスがよいとは言えない。

B　正しい（○）。上にも述べたとおり，クライエントにあっては，処理速度が著しく低下している。したがって，一定以上の知的資質を有しながらも，現実的で機械的な処理を求められると，生産性を発揮できない状況と考えられる。うつ状態による気力の減退が作業効率の低下を招いているのかもしれない。

C　誤り（×）。流動性推理力とは，新しい場面への適応を必要とする際に働く能力を意味するのであり，比較的単純な課題をすばやく処理する「処理速度」との関連性は薄い。したがって記述は誤り。

D　正しい（○）。検査結果は，処理速度は低いものの，他の群指数，すなわち，言語理解，知覚統合，作動記憶に関しては優れているか，少なくとも平均的であることを示している。この結果をみる限り，記述は正しいと判断される。

以上の理由から，

a，b，d，eは誤りで，正答は　c　となる。

問題36……正答e

ロールシャッハ・テストを用いたクライエントの見立てに関する問題である。この問題では，すべてのロールシャッハ・システムに共通する，ごく基本的な指標だけに焦点を当てている。心理臨床の現場において，投映法検査として使用頻度のもっとも高いロールシャッハ・テストについては，臨床心理士として最低限の知識を備えておきたい。

A　正しい（○）。平凡反応が多く，外拡型のタイプで模倣的傾向があること，主体性のサインである人間運動反応がないことから考えると，この記述は正しい。

B　誤り（×）。平凡反応が反応数の半分近くを占めていること，形態水準はさほど悪くないことなどから，常識的見方にそって判断する傾向が強く，そういう中での現実適応は可能な人と思われる。したがって，記述は誤りである。

C　正しい（○）。単純な部分反応と平凡反応が多いこと，さらに紋切型の指標でもある動物反応が多いことなどに鑑み，ものごとの捉え方は平板であり，あまり複雑な思考をしていないことがうかがえる。したがって，この記述は正しい。

D　誤り（×）。体験型は，人間運動反応がないため内向型ではない。むしろ外拡型である。この結果は，自分の世界を主張，表現したい人というより，周囲の動きを察知する気配り型の人であることを示している。したがって，記述は誤りである。

以上の理由から，

a，b，c，dは誤りで，正答は　e　となる。

問題 37……正答 d

さまざまな職種との連携が必要な場面で，臨床心理士がどのような立ち位置でアセスメントを行い，伝えるかについて問う問題である。他職種連携は臨床心理士にとって重要な職務であるため，その基本姿勢を押さえておきたい。

A　適切でない（×）。クライエントには睡眠障害が認められるため，たしかにリワークプログラムの導入には工夫が必要である。しかし，クライエントの状態に合わせて，生活リズムの調整や作業効率の向上を段階的にはかってゆけば，効果が期待できる。以上に鑑みて，リワークプログラムは勧めない方がよいとした記述は誤りである。

B　適切である（○）。WAIS-Ⅲ知能検査から，言語能力が高いことが推測された。また，ロールシャッハ・テストからは，他者追随のコミュニケーションをとる傾向が示唆された。これらの結果を踏まえて，クライエントはスタッフの価値観に合わせがちであり，その発言は必ずしも主体的に考えたうえでのものではない可能性もある。したがって，この記述は正しい。

C　適切である（○）。企業の価値観は，効率，合理化を重視しがちである。一方で，心の内面を扱う臨床心理士は，往々にして経済性，効率性等の価値観を軽視してきた。しかし，産業領域の活動においては，組織との効果的な連携をはかるうえで，組織の状況を理解する視点と，個人の内面性を大切にする姿勢の両面が必要となる。したがって，この記述は正しい。

D　適切でない（×）。心理検査結果を職場に伝える意図は，クライエントをよりよく理解し，今後の支援に役立つことを目指して行うのであり，そうならなかった方がクライエントに不利になるであろう。もちろん，人事の問題等にも影響するので，伝え方には十分に配慮する必要があるが，得られた結果を適切な言葉で正確に伝えることは，臨床心理士としての基本姿勢である。したがって，この記述は誤りである。

以上の理由から，

a，b，c，eは誤りで，正答は　d　となる。

問題39……正答d

TATおよびCATの由来と施行法・解釈法についての問題である。TATはロールシャッハ・テストと並ぶ投映法検査の双璧であり，心理面接と通底する側面も多く，その基本的な内容とその後の展開を理解しておくことは，臨床心理士にとって重要である。

A　誤り（×）。TATは，1枚の絵につき1つの物語を作るように教示がなされ，ウェクスラー式知能検査の絵画配列のような操作はしない。したがって，記述は誤りである。

B　正しい（○）。TATはMurray, H. A.を中心とするハーバード大学心理クリニックチームが開発し1943年に完成している。したがって，記述は正しい。

C　誤り（×）。アグレッションの方向と型はP-Fスタディの解釈における用語であり，TATではMurray, H. A.が欲求-圧力分析を提唱している。したがって，記述は誤りである。

D　正しい（○）。Bellak, L.は，子ども用のTATとしてCATを作成した。その際，子どもが反応しやすいように絵刺激を動物が主体のものとしている。したがって，記述は正しい。

以上の理由から，

a，b，c，eは誤りで，正答は　d　となる。

問題44……正答c

心理アセスメント用具の適切な取り扱い，選定，使用など，心理アセスメントを行ううえでの基本的な倫理に関する問題であり，いずれも心理アセスメントの実務や研究に携わるうえで必要な知識である。

A　適切でない（×）。心理査定用具が開示されると，その妥当性や客観性が損なわれる可能性がある。したがって，著作権とは別に，機密維持の観点から，心理査定用具の公開は避けなければならない。したがって，この記述は適切ではない。

B　適切でない（×）。MMPI-2は日本での再標準化がなされていないので，妥当性のある結果を得ることができない。心理アセスメントは，これまでの研究による十分な裏付けのある標準的施行法により行うことを原則としなければならないため，この記述は適切ではない。

C　**適切である（○）。**心理検査を実施する際は，いかなる対象者であっても，何らかのかたちでインフォームド・コンセント（説明と同意）を得なくてはならない。したがって，この記述は適切である。

D　**適切でない（×）。**日本版BDI-Ⅱの著作権はBeck, A. T. にある。無断複製すれば著作権の違反に当たる。したがって，この記述は適切ではない。

以上の理由から，

a，b，d，eは誤りで，正答は　c　となる。

問題46……正答b

質問紙法検査を構成する尺度についての問いである。この問題で取り上げた質問紙法はいずれもわが国においてきわめて使用頻度の高いものである。臨床心理士は，それぞれの検査に含まれる下位尺度について理解しておく必要がある。

A　**誤り（×）。**YG性格検査には，米国のGuilford性格検査をモデルにして構成された12個の尺度が含まれるが，そこに思考障害を測定するものは存在しない。したがって，記述は誤りである。

B　**誤り（×）。**MMPIにおける社会的内向尺度は，追加尺度ではなく，臨床尺度である。

C　**正しい（○）。**MPI（モーズレイ性格検査）は，イギリスのEysenck, H. J. の特性的性格理論に基づく質問紙法検査であり，記述のとおり，外向性や神経症的傾向の測定が可能である。

D　**誤り（×）。**Spielberger, C. D. らによって開発されたSTAIは，状態不安と特性不安という２つの尺度で構成される。したがって，記述は誤りである。

以上の理由から，

a，c，d，eは誤りで，正答は　b　となる。

問題 47……正答 b

代表的な描画法テストの実施と分析に関する問いである。描画法を適切に実施し，適正に結果を分析・解釈するためには，これらの基本的な事項を理解しておくことが重要である。

A　正しい（○）。Koch, K. は，Grünwald, M. の空間象徴図式（横軸に外向と内向，縦軸に意識と無意識といった心的エネルギーの方向性が示されたもの）に基づいて，樹木の定位に関する解釈を発展させた。

B　正しい（○）。頭（顔）から直接，足が生えた絵は「頭足人」（あるいは「頭足人間」）と呼ばれ，概ね３～５歳の幼児の描画に現れる特徴であることが広く認められている。

C　正しい（○）。バウムテストでは，木の長さを被検査者の年齢で割ったものをヴィトゲンシュタイン指数とよび，外傷体験を負った年齢を推定するのに用いている。

D　正しい（○）。バウムテスト，HTP などの描画テストでは，必ず描画後の質問（Post Drawing Interrogation：PDI）が実施される。これは絵に対する連想の内容から被検査者の体験内容を推定したり，その説明のあり方から現実吟味力の程度を把握するうえで重要である。

以上の理由から，

a，c，d，e は誤りで，正答は　b　となる。

問題 48……正答 e

アダルト・アタッチメント・インタビューは成人の語りに基づいてアタッチメントを測定・分類する半構造化面接法である。成人のアタッチメント分類の基本について理解しておくことは臨床心理士にとって重要である。

A　軽視。乳児の回避型に対応するアタッチメント軽視型の成人は，親を理想化して語るが，それを具体的なエピソードで裏付けることができない。

B　未解決。乳児の無秩序・無方向型に対応する未解決型の成人は，未解決のトラウマや喪失を抱えており，亡くなった親がまだ生きているかのように語るなど，思考の誤りを示す。

C　安定-自律。乳児の安定型に対応する安定-自律型の成人は，親の肯定的側面も否定的側面も，それを支持する具体的なエピソードを挙げながら，一貫した形で語ることができる。

D　とらわれ。乳児のアンビヴァレント型に対応するとらわれ型の成人は，質問に無関係な詳細も含んだ長い語りを示し，親に対する怒りを表すことが多い。

以上の理由から，

a，b，c，dは誤りで，正答は　e　となる。

問題 59……正答 d

現代の精神分析ならびに精神分析的心理療法において重要な理論である，投影同一化（視）とその理解に基づく治療理論に関する出題で構成されている。逆転移は，現代においてはその範囲が拡大され，セラピストに知覚される情緒や態度全般を指すようになっている。すなわち逆転移は，かつてはセラピストの個人的な反応（課題）と考えられていたが，現在においてはクライエントからの投影同一化（クライエントが抱えきれない葛藤がセラピストに分裂排除され，投げ入れられたもの）であり，一種のコミュニケーションとして理解することが重要とされている。最早期の母子関係をモデルとし，このコミュニケーションを受け止め，セラピストの物想いによってクライエントが受け入れられる形で伝え返すコンテイニングというプロセスがBion, W. によって提唱され，現代の精神分析において主要な治療プロセスと考えられるようになった。

A　**中立性。**セラピスト自身の価値観や感情に固執しない態度として中立性が古典的に重要とされてきたが，現代においてはこれを基本としつつも対象関係論ならびに対人関係論においても逆転移を利用することがセラピーの中心となってきている。

B　**投影同一化（視）。**投影同一化（視）と取り入れ同一化（視）はいずれも，早期の心的メカニズムの中心的機制である。このうちセラピストに喚起される情緒はクライエントによる投影同一化（視）によるものである。セラピストによってクライエントに与えられた解釈や態度が取り入れられ，これに同一化（視）することを取り入れ同一化（視）と呼ぶ。

C　**スプリット。**クライエントが耐えがたい情緒を切り離し，排出することを指す。

D　**コンテイニング。**投影同一化（視）をセラピストが抱え，もの思いによって変形し，クライエントに返すこのプロセスはBion, W.により概念化された。母子の早期の関係性を基盤とした情緒的交流に基づく発達理論であり，精神分析的交流の理論の基礎である。誤答のホールディング（抱えること）はWinnicott, D. W.の概念であり，クライエントの依存を引き受ける治療環境の存在とその支持的対応を指す。

以上の理由から，

a，b，c，eは誤りで，正答は　d　となる。

問題62……正答d

Rogers, C. R.の有名な「セラピーによるパーソナリティ変化の必要にして十分な条件」論文（1957）は，治療的変化をもたらす基本的なセラピスト・クライエント関係を仮説として提唱した基本文献である。その中核（セラピスト）条件である「一致・共感的理解・無条件の肯定的関心」という用語は，パーソン・センタード・アプローチのみならず，各種臨床心理学の教科書でも取り上げられている。

Rogers, C. R. はこれらの条件を決定的条件として述べたのではなく，検証すべき仮説として述べている。また，現実的な限界も含めた記述となっている。臨床心理士として，これらの基本条件を決まり文句として丸覚えするのではなく，実践的に妥当な条件として把握できていることが必要である。

A　**誤り（×）**。セラピストの一致とは「自由にかつ深く自己自身であり，現実に経験していることが，自己自身の気づきとして正確に表現されている」ことであり，「セラピストが自分自身のこうした現実を，どの程度クライエントに伝えるかという厄介な問題」とは別である。「自分自身の感情を表現するとか，全部話すということなのではない」と述べられているので，この記述は誤り。

B　**正しい（○）**。「気持のリフレクション」（感情の反射）は，本文献では「この技術は決してセラピーの基本的な技術なのではない。しかしそれが，セラピストの感受性豊かな共感と無条件の肯定的配慮を伝えるチャンネルを提供しているならば（中略）役立つ」と述べられているので，正解。

C　**正しい（○）**。セラピストが無条件の肯定的な配慮を経験しているという条件も「程度の問題である」とされており，脚注で「それは絶対的，あるか・ないかという性質の概念であるかのように聞こえる」が，「完全に無条件である肯定的配慮というものが理論的にしか存在しえないものであることが，説明からはっきりわかるであろう」と述べられているので，正解。

D　**誤り（×）**。「最後にあげられた条件は，クライエントが最小限にでも，セラピストが自分に対して経験している受容と共感を知覚しているということである」と述べられているので，この記述は誤り。

以上の理由から，

a，b，c，e は誤りで，正答は　d　となる。

問題 66……正答 e

内観療法についての基本的な知識を問うことをねらいとした。

内観療法は日本で生まれた心理療法であるが，未だに日本の心理臨床家にはなじみが薄いと言わざるを得ない。ところが，ヨーロッパでの発展や隣国の中国での展開には目を見張るものがあり，とりわけ中国では，すでに内観療法は医学教育にしっかりと組み込まれているだけではなく，保険診療の対象になっている。

A　誤り（×）。真栄城輝明は，『心理療法としての内観』（朱鷺書房　2005　p. 14）の中で，内観という用語について解説する中で，白隠の内観法について佐藤幸治著の『心理禅』（創元社　1961）を引用しつつ，吉本伊信の内観法との相違を論じ，両者は似て非なるもの，と述べている。

B　正しい（○）。これにより，自分や他者についての理解・信頼が深まり，自己の存在価値・責任を自覚することによって，社会生活の改善に繋がると考えられている。

C　正しい（○）。三木善彦は，『内観療法（心理療法プリマーズ）』（ミネルヴァ書房　2007　p. 47）の中で，「欧米における内観の発展」という章を立てて，欧米における内観を紹介している。ヨーロッパにおける内観研修会が 1980 年にオーストリアで最初に開催されて以来，イタリア，スイス，スペイン，イギリスなどで次々に開催されてきただけでなく，1986 年には，ウィーンに内観研修所も設立されているという。

D　誤り（×）。内観療法は，不登校や非行などの学校での問題，親子・夫婦間などの家族間の問題に効果が見られる。また，アルコール依存・薬物依存や摂食障害，心身症，抑うつ，神経症など比較的広範な精神疾患に対する効果が報告されている。しかし内観療法は，本人の意欲に加え，自己を見つめることができる自我の状態が必要なため，統合失調症や境界性パーソナリティ障害などの適用については意見が分かれている。また重度のうつ病の場合にも自殺願望を高める可能性があるため，寛解期に行うなど，慎重にしなければならない。

以上の理由から，

a，b，c，dは誤りで，正答は　e　となる。

問題 67……正答 c

精神科医療においては，統合失調症の急性期を脱し通院治療に移行した，一定の状態安定が認められるものの依然として妄想などの陽性症状を残すなど，社会復帰しうる状態には至らない段階のクライエントについて，臨床心理士に心理面のサポートを依頼されることがしばしばある。したがって，そのようなケースへの心理療法的対応力は臨床心理士が獲得すべき能力である。

本問では特に，妄想をもつ統合失調症のクライエントとの心理療法面接において出会うことが多いと考えられる，いわゆる“外的現実の情報が得にくく，発症時の状況も把握しにくいという問題”に関し，臨床心理士が留意すべき点についての知識と対応力について確認することをねらいとする。

A　誤り（×）。Gさんは依然として，社会生活を営むうえでは自我が脆弱な状態である。そのような状態下では，事実関係について細かな問いを差し向けること自体が，自我に多大な負荷をかけ，状態の悪化を招く恐れがある。回復過程で，クライエント側から経過について自分なりに表現することや，それをセラピストが受けとめていくことは，自我の自律性を支えることにつながりうるが，セラピスト側から積極的に聴き出すことは，他律性を増すことにつながるため望ましくない。

B　**正しい（○）。** G さんは失恋を契機に迫害妄想が生じたことから，新しい対人関係・心的関係を結ぶにあたり，セラピストが G さんの関係者と接触をもつ場合，“自分に隠れて秘密の関係を結び”“結託して迫害する”というような失恋状況とそれに付随する迫害妄想の再燃につながる可能性を視野に入れ，慎重に考え，意を尽くして対応する必要がある。

C　**正しい（○）。** 上記 A において説明したように，クライエントのほうから発症当時のことを話す場合は，自分で語ることに自己治療的意味があり，それに耳を傾けられることは治療上重要である。

D　**誤り（×）。** 上記 A において説明したように，発症時の状況を描画させることは，状況の想起を促進させ曝露することにつながるため，治療的でない。

以上の理由から，

a，b，d，e は誤りで，正答は　c　となる。

問題 68……正答 b

妄想をもつ統合失調症のクライエントが，“妄想が残存し，自我の強さも回復途上の段階にもかかわらず，社会復帰や活動増大を急ぐ問題”に関し，臨床心理士が留意すべき点について問うている。

A　**誤り（×）。** 統合失調症における妄想の語りは，体験基盤が根本的に揺らぐ，言表しようのない未曾有の体験を言語化しようとする努力と言えるが，そのような，クライエントの自我において「新奇」な段階の妄想内容を，拙速に自我にとりこむ試みを進めることよりも，まずは，体験基盤が根本的に揺らぐ不安やその対処による疲れから身を守り，体験にまとまりをつけていく，自然治癒力を支えることの方が優先される。

B　**誤り（×）。** 上記 A において説明したように，再び状態が悪化しないよう，疲労などの蓄積を回避する必要がある。

C　正しい（○）。上記Aにおいて説明したように，クライエントの心身にとって，どんなこと（薬効なども含め）がどんなふうに苦あるいは楽なのかといった点を大切にすることが，クライエントの心的体験のまとまりや安心感が増すことにつながり，自律性を支えることにつながると考えられる。

D　誤り（×）。統合失調症を抱えるクライエントは，自分や世界の体験基盤が根本的に揺らぐ未曾有の事態に対応しているため，「ゆとりのなさ」と「あせり」を抱えている。Gさんが“社会復帰”や“自主的活動”を求める背後にも，あせりとゆとりのなさがある可能性がある。したがって，セラピストが言葉を表面的に受け取って，ゆとりのなさから来るあせりに乗ってしまうことは，かえってクライエントの状態に悪化をもたらす可能性があるため，注意が必要である。

以上の理由から，

a，c，d，eは誤りで，正答は　b　となる。

問題69……正答e

妄想をもつ統合失調症のクライエントとの心理療法面接において，臨床心理士の対応について問うている。

A　誤り（×）。統合失調症における妄想の語りは，体験基盤が根本的に揺らぐ，言表しようのない未曾有の体験を言語化しようとする努力と言えるが，そのような，クライエントの自我において「新奇」な段階の妄想内容を，拙速に自我にとりこむ試みを進めることよりも，体験にまとまりをつけていく自我の力を回復させていくことを支える方が優先される。そこで重要なこととして，表現された妄想内容の正誤にこだわったり，賛否をあらわしたりすることを控え，妄想の語りの背後にある本人の感情体験などの心的状況を汲むことがあげられる。少なくとも，“ひとつひとつ妄想を修正”しようとすることは，クライエントの心的現実を否定することにつながるため，望ましくない。

B　**誤り（×）**。上記 A において説明したように，妄想を“表面的に受け流す”ことは，クライエントの置かれている心的状況や，クライエントの心的存在にかかわる感情体験を理解しようとしない態度であり，望ましくない。

C　**正しい（○）**。上記 A において説明したように，妄想体験について，“本人がそれを体験している”ということ自体を認めることは，クライエントの「置かれている状況」を視野に入れようとする態度であり，最低限必要と言える。

D　**正しい（○）**。上記 A において説明したように，妄想の語りの背後にある，クライエントの置かれている状況，未曾有の体験やそれにまつわる非常な焦りを伴う苦しみ，といった体験そのものに，セラピストが心を向けることが重要である。

以上の理由から，

a，b，c，d は誤りで，正答は　e　となる。

問題 70……正答 e

妄想をもつ統合失調症のクライエントとの心理療法面接の方針を立てる際，臨床心理士が留意すべき点について問うている。

A　**正しい（○）**。例えば，クライエントの妄想体験に，セラピストがネガティヴな感情や妄想に対する無力感や焦燥感などを掻き立てられ，そのことの自覚が乏しいまま，クライエントや妄想をコントロールしようとしたり，妄想を中心的話題にすることで関係や心理療法を成立させようとし，その維持のために妄想が語られる，といった共依存的状況に陥るといったことが生じやすいことが指摘されている。セラピストはそのようなことが生じる可能性を視野に入れて，クライエントの心によりよく寄り添えるよう，自らの姿勢を見直す必要がある。

B　**誤り（×）**。妄想をもつことの苦悩を越えて妄想以外の話題をもつことは，自我の健康な部分を支持することにつながるなど，さまざまな面から治療的に有効とされている。

C　**正しい（○）**。妄想の語りの背後にある，クライエントの置かれている状況や焦りなどの感情体験に，セラピストが心を向けることは，クライエントの心的存在感を支えることにつながるため重要である。したがって，“話題があちこち逸れる”ように感じられても，その語りの背後には，クライエントの伝えようとしている体験があるので，その体験のテーマや感情を受けとめていくことが肝要である。

D　**正しい（○）**。統合失調症を抱えるクライエントは，体験基盤が根本的に揺らぐ未曾有の事態への対応で自我に多大な負荷がかかり，「ゆとりのなさ」と「あせり」を抱えている。ゆとりのなさやあせりに乗って行動してしまうことは，かえってクライエントの状態に悪化をもたらす可能性があるため，注意が必要である。クライエントの語りの背後にある，あせりやゆとりの様相に留意することは，クライエントの生の実感を支える意味においても，回復力をサポートする意味においても重要である。

以上の理由から，

a，b，c，dは誤りで，正答は　e　となる。

問題71……正答d

TEACCHプログラムは，アメリカノースカロライナ州で始まった自閉症児者に対する実践プログラムであるが，その知見は日本の障害者福祉・特別支援教育に大きな影響を与えてきているため，臨床心理士としても少なくともその基本は押さえておくべきである。とりわけ，視覚的支援，構造化などは，障害者福祉，特別支援教育の現場では，支援者・

教員が手がかりとする実践的知識となっており，他職種との連携の必要な臨床心理士にとっても必須の知識である。

A　誤り（×）。TEACCH では，自閉症の治癒を目指すのではなく，地域社会の中で自分らしく生きていくことを目標とする。

B　誤り（×）。TEACCH では，それぞれの場所と活動が 1 対 1 の対応をするようにし，一つの場所を多目的に用いないようにするのが特徴である。(物理的構造化)。

C　正しい（○）。「療育者はスペシャリストであることを超えてジェネラリストであること」は，TEACCH の原理の一つである。

D　正しい（○）。視覚的支援・視覚的構造化は，TEACCH の知見のなかでも最もよく知られているものである。

以上の理由から，

a，b，c，e は誤りで，正答は　d　となる。

問題 72……正答 d

子どもの遺伝性疾患をどのように受け止めていくか，その過程における臨床心理的援助を問う問題。本事例において，突然変異による発症であったことによる H さんへの思い，その事実を父親とともに向き合うことができないでいることへの孤立感などが母親のカウンセリングのテーマとなる。

遺伝性疾患には，将来の発症や子孫への継承の可能性など遺伝性疾患特有の問題が多くある。この先家族はそのようなことに向き合っていかなければならないが，他方では，いつ病状が変化するか，重症度はどの程度なのか，現時点ではわからないことも多い。このような状況を踏まえ，臨床心理士としてどのように母親の気持ちに寄り添っていくかを問うものである。

A　誤り（×）。母親および H さんの心理的サポートや，この家族全体としてのテーマに取り組むうえで，父親の存在は重要であるが，父親との同席面接を設定するかどうかは，母親の気持ちを聞いたうえで検討する。遺伝性疾患においては，家族内でも異なる思いを持っていることを配慮する。

B　誤り（×）。母親の不安定さをアセスメントすることは必要であるため，心理検査の準備はおこなうが，実施するかどうかは，そのときの母親の様子や状態で判断する。また，本事例において，“検査を受けること”“結果を聞くこと”に対してどのような思いをもっているのか，心理面接によるアセスメントのうえ必要であれば実施する。

C　誤り（×）。臨床心理士の役割として，H さんの疾患についての知識を得，理解を深めておくことは必須。必要に応じて心理教育をおこなうこともある。H さんの遺伝性疾患の特徴や遺伝の浸透率，予後，治療の見通しなどを，担当医師や H さんにかかわる医療スタッフと共有し，役割の確認などをおこなう。

D　正しい（○）。この母親は，担当医師に頻繁に問い合わせをしないと落ち着かなくなるという状態にある。しかし，電話をかけたらいつでも連絡が取れるという関係性とは異なる臨床心理面接の枠組みについて丁寧に説明し，了解，同意を得る。また，病院内の面接が安定して確保できない場合など限界がある場合は，他機関への紹介なども準備しておく。

以上の理由から，

a，b，c，e は誤りで，正答は　d　となる。

問題 73……正答 c

子どもに病気のことや遺伝のことをどう伝えるかは，大きなテーマである。病気の重症度や発症時期，家族内に同じ遺伝性疾患のものがいるのか，浸透率などによって個々に対応を考えていくことになるが，子どもにとってその後の人格形成や人生にも大きく影響することであり，子どもの意思や権利を尊重していく視点を問う問題である。

A　**正しい（○）**。患児（H）や同胞（兄）に病気のことや遺伝のことを丁寧に伝えたいと思っているものの，伝えることで，兄弟・家族の関係が変化し，子どもたちの将来が何かしら制限されてしまうのではないかという不安や，親が遺伝性疾患や現状をどう受け止めているかを確認することが大切である。

B　**正しい（○）**。兄も検査を受けており，その結果について知る権利を有しているし，Hの疾患について関心や疑問を持つことは当然考えられる。年齢による理解度や，性格特性，また，兄は疾患を持っていないことも踏まえ，兄に対してどのように伝えるか考えていく必要がある。

C　**誤り（×）**。病気や遺伝について正しい知識を伝えることは重要であるが，誰が，どのように伝えるかについては，その患児や家族によって異なる。

D　**誤り（×）**。子どもであっても一人の独立したクライエントであるとともに，UNICEF「子どもの権利条約」で示されているような①生きる権利，②育つ権利，③守られる権利，④参加する権利が保障されなければならない。遺伝性疾患の詳細な情報を理解することは難しいが，その子どもの理解に合わせた情報提供をおこない，子ども自身の決断をサポートすることが必要である。

以上の理由から，

a，b，d，eは誤りで，正答は　c　となる。

問題74……正答d

子どもの疾患がわかったことによる母親の混乱は，患児本人にも影響を与える。Hさんの心理的ケアの必要性を考えるとともに，Hさん本人にどのようなニーズや希望があるのか確認するなど，心理療法を導入する際に検討すべきことを問う問題である。

A　**誤り（×）**。Hさんのアセスメントは必要であるが，プレイセラピーにおいては，セラピストが何かをするように促すのではなく，何をするのか，どう時間を過ごすのかを子どもが決めるように促すことが重要である。

B　**正しい（○）**。Hさんの，自分のことを知る権利に真摯に向き合うことは重要なことである。子ども自身が自分の疾患について理解しようとしていることに対して援助していくことは，医療の場における臨床心理士の役割でもある。

C　**誤り（×）**。母親の状態によって子どもの面接の枠組みが動くことは，治療構造として適切ではない。また，母親の涙を見せないようにという配慮のようであるが，Hさんがどのように感じるのかを尊重しておらず，先回りの対応である。必要に応じて母親カウンセリングの担当者と話し合いをもつことを考えたい。

D　**正しい（○）**。子ども自身の参加する権利や意思決定する権利を尊重することが，クライエントとセラピストの関係性の始まりである。心理療法（プレイセラピー）について，またセラピストについて説明し，Hさん自身が感じていることについて一緒に考えていくことが基本的な姿勢となる。

以上の理由から，

a，b，c，eは誤りで，正答は　d　となる。

問題76……正答d

解決志向アプローチは，今日の面接技法ではよく取り入れられるものになっているので，その技法を確認する。

A　**正しい（○）**。ミラクル・クエスチョンは，解決像・未来像を描くものである。

B　**誤り（×）**。オープン・クエスチョンは，解決志向アプローチに限ったものではなく，それ自体に解決イメージを探索させるという限定的な機能はない。

C　正しい（○）。例外の質問をして，問題が起こっていないとき，少しでもうまくやれたこと，ましなことなどを取り上げる。例外の質問をして出てきた，問題のない状態に対しコンプリメントすることとは，それに対して肯定的なフィードバック（褒める，労う，賞賛する）することである。

D　正しい（○）。スケーリング・クエスチョンとは，現在の状態を数値化することである。数値化することを通して小さな差異に目を向け，変化が常に生じていることを確認する。小さな変化が大きな変化を生み出すことという考え方が背景にある。

以上の理由から，

a，b，c，eは誤りで，正答は　d　となる。

問題85……正答d

精神保健福祉法に関する基本的な知識として，精神障害者の入院制度や福祉行政制度について問うている。

A　誤り（×）。医療保護入院の説明（33条）である。措置入院は，保健指定医2名以上の一致により自傷他害のおそれがあると診断された者を，都道府県知事が精神科病院または指定病院に入院させることができるというもの（29条）。

B　正しい（○）。6条に規定されている。

C　誤り（×）。手帳の交付・申請については45条に規定されている。厚生労働省による障害等級の判定基準では，高度の症状等があり，日常生活の用を弁ずることが不能な状態により1級とされている。説明文は3級に相当。

D　正しい（○）。家族の高齢化等に伴い負担が大きくなっている等の理由から，保護者に関する規定が削除された。

以上の理由から，

a，b，c，eは誤りで，正答は　d　となる。

問題 87……正答 d

心理臨床の倫理に関する実践上の基本的な対応についての設問である。

A　誤り（×）。インフォームド・コンセントは説明と同意を含んでいる。また，初回のみではなくプロセスとして行われるものである。

B　正しい（○）。臨床心理士は臨床心理士倫理綱領を十分に理解し，違反することがないように相互の間でつねに注意しなければならない。また，臨床心理士は倫理委員会の業務に協力しなければならない。

C　誤り（×）。自分の技術や知識で対応困難な場合には，他の適切な専門家や機関の情報を伝え，対象者の自己決定を援助することが求められる。なお，他機関への紹介は，対象者の状態および状況に配慮し不利益にならないよう留意する必要がある。他の専門家の援助につながるよう働きかけることは慎重でありたい。

D　正しい（○）。対象者等に対して，個人的関係に発展する期待を抱かせるような言動は，厳に慎まなければならない。

以上の理由から，

a，b，c，eは誤りで，正答は　d　となる。

参考文献

公益財団法人日本臨床心理士資格認定協会「臨床心理士倫理綱領」
一般社団法人日本臨床心理士会「倫理綱領」

問題 95……正答 c

DSM-5 におけるパニック症に関する問題である。パニック症の特徴を問う。

a　**誤り（×）**。パニック発作は，突然激しい恐怖または強烈な不快感が生じ，この高まりが数分以内でピークに達する。30 分以上かけて徐々に不快感が高まるという緩慢なものではない。

b　**誤り（×）**。米国におけるパニック症の発症年齢の中央値は，30～34 歳ではなく，20～24 歳と 10 歳ほど早期にみられる。小児期の発症例は少数ながらあり，45 歳以上の発症も稀ではあるがある。

c　**正しい（○）**。パニック発作の頻度と重症度には大きな変動があり，一定ではない。週に 1 回の発作が一時的に何カ月にもわたって起きたり，これとは反対に頻回の発作が毎日起こるがその後数週間または数カ月間まったく発作が起きなかったり，またはこれを繰り返したり定まらない。

d　**誤り（×）**。パニック症は一回限りの発作ではなく，繰り返される予期しないパニック発作に適用される。

e　**誤り（×）**。心的外傷およびストレス因関連障害群には，反応性愛着障害，脱抑制型対人交流障害，心的外傷後ストレス障害，急性ストレス障害，適応障害等がある。一方パニック症は不安障害群に含まれ，双方は診断基準とコードが別となっている。パニック発作は，心的外傷後ストレス障害のように，外傷的出来事を想起させるものに反応して生じたものではない。

以上の理由から，

a，b，d，e は誤りで，正答は c となる。

問題 96……正答 c

A　**集団順応度**。GCR（Group Conformity Rating）は成熟度ではなく，集団順応度を意味する。標準集団の典型的反応と被検者の反応とがどの程度一致するかを大まかに示す指標であり，GCR の値は被検者の欲求不満耐性の一つの尺度と考えられる。

B　他罰反応。同じ年代の人より高かったのは「他罰反応」（E 反応）である。因みに，選択肢にある「自罰反応」はＩ反応，「無罰反応」はM反応と記述される。

C　他者に依存すること。前半に強調されていたｅ反応が後半では減少し，前半はまったく見られなかったM-A 反応が後半は４つに増加したという反応転移の理解を問うている。前半に強調されたｅ反応とは他責固執反応のことで，他人に依存してフラストレーションを解消しようとする反応をいう。ｅ反応の強調とは，つまり相手に依存することによって問題を解決しようとする心理機制が強く働いていることを示している。

D　他者を弁護許容すること。後半に出現したM-A 反応は無責反応と呼ばれ，フラストレーションの原因は誰にあるわけではなくそもそも不可避なものだと考える反応である。この反応は，他者からの愛情を失うことを恐れることを意識した妥協の動機が働いており，自分の非を認めたくないが相手からも憎まれたくないという気持ちから，「他者を弁護許容する反応」とも呼ばれている。防衛機制では「抑圧」が関連する。因みに「自己を弁護する反応（Ｉ反応)」，「自己を罰する反応（Ｉ反応)」はM-A 反応とは異なる反応である。

以上の理由から，

ａ，ｂ，ｄ，ｅは誤りで，正答は　ｃ　となる。

問題 97……正答ｄ

A　誤り（×）。パニック発作に対する洞察指向的心理療法の目的は，「心理的葛藤に関して，患者の洞察を促す」ことにある。本療法では，葛藤が解決されなければ，症状（たとえば，不安，恐怖，強迫症状，外傷後ストレス反応）として顕在化することがあるとされている。中学３年生というＡさんにとっては，本療法は現実的な選択とは言えない。

B　正しい（○）。支持的心理療法と環境調整的アプローチの両方を加味したアプローチである。その目的は，適応的な防衛機制を奨励し，不適応的な防衛機制は抑えることにより現実検討力を促進させ，進路選択への具体的な行動を促す点にある。

C　正しい（○）。設問どおりである。P-F スタディで示された攻撃性は，社会に適応するために適度に必要な自己主張でもあるという受け止めが鍵となる。この攻撃性を現実生活においてどのように生かすかという視点が重要である。

D　誤り（×）。P-F スタディの結果，GCR＝53%は中学 3 年生女子の標準（61%）と比較してやや低く，また m 反応（無責固執反応）も 0.5 と低く，L さんに過剰適応は認められなかったと考えられる。

以上の理由から，

a，b，c，e は誤りで，正答は　d　となる。

平成30年度試験問題の正答と解説

問題1……正答d

「対人魅力の規定要因」は，対人社会心理学における古典的なテーマである。そのため，対人魅力の規定因については，社会心理学のほとんどの教科書に取りあげられている。臨床心理士は，支援対象者と対面で仕事をすることが多い。臨床心理士が対人魅力の規定因について，理解しておくことは重要だと考えられる。

a　誤り（×）。異性関係において，身体的魅力は強い規定要因である。

b　誤り（×）。これは類似仮説である。

c　誤り（×）。物理的な距離や近さは近接性の要因である。

d　正しい（○）。人は単に会うことを繰り返すだけで好意を持つようになる。これを単純接触効果という。

e　誤り（×）。相補説とは自分にない特性を持つ人に魅力を感じることであり，この選択肢は好意の互恵性と呼ばれている。

以上の理由から，

a，b，c，eは誤りで，正答は　d　となる。

問題3……正答c

ステレオタイプは，特定の個人や集団，民族などに対する固定的で過度に単純化された信念である。偏見と近い概念であるが，偏見が，否定的な認知であることが多いのに対して，ステレオタイプは，否定的，肯定的，いずれの認知も含む。対人援助職である臨床心理士が，このようなステレオタイプの働きについて知っておくことは職務上必要である。

a　誤り（×）。 ステレオタイプは，既存の記憶や知識を単純に当てはめて自動的に生起する。よって選択肢 a は逆の説明になっている。

b　誤り（×）。 他者や特定の集団についての最初の情報や印象が効果を発揮することがあるが，それは「初頭効果」であり，「親近効果」ではない。

c　正しい（○）。 ステレオタイプには，他者や特定の集団に対する予測可能性を高める適応的な意味がある。ステレオタイプとは，偏見に見られるような“否定的認知”だと理解していると誤る。

d　誤り（×）。 ステレオタイプは，これに反する事実や事例に出会ってもサブタイプ化が起こり，容易には変容しない。

e　誤り（×）。 ステレオタイプは，自動的，無意識的に生起するため，自己評定式の心理尺度で測定することは困難である。

以上の理由から，

a，b，d，e は誤りで，正答は　c　となる。

問題７……正答 b

Piaget, J. の認知発達理論は，子どもが世界をどのようにとらえているのか，それはどのように発達し大人に近づいていくのかについて理解をするうえで重要な理論である。特に児童期から思春期の子どもを対象としたプレイセラピーやカウンセリングを行ううえで，子どもの認識発達のプロセスを理解しておくことは重要である。

A　正しい（○）。 目の前にあるおもちゃを隠すと積極的に探すようになる（対象の永続性の獲得）のは 10 カ月ごろからである。1 歳児はすでに対象の永続性を獲得していると考えられる。

B　正しい（○）。 4 歳児は保存の概念ができていないため，目の前で背の高い容器に移し替えると多くなったと答える。

C　**誤り（×）**。7，8歳になると観察の位置の変化に伴い左右，前後の関係が変わることに気づくようになる。このことから，この段階の子どもは「反対側から見ても自分と同じ見え方である」とは答えない。

D　**誤り（×）**。9歳から10歳ごろになると，遠近的配置の関係が包括的な体系となり，対象全体に対する観点の共応が語られるようになる。この時期には，前後左右の関係を考慮した判断ができるようになる。

以上の理由から，

a，c，d，eは誤りで，正答は　b　となる。

問題9……正答c

臨床実践の効果を客観的に分析するためには，面接場面を客観的にとらえて分析する質的研究法が用いられることが多い。研究を行うことは臨床心理士の役割の一つであり，さまざまな質的研究法について理解しておくことが重要である。

A　**誤り（×）**。観察の信頼性を保証するために複数の観察者で評定し，その一致の程度は，コーエンのカッパー係数を指標とすることが多い。クロンバックのα係数は質問紙の信頼性に関する指標である。

B　**誤り（×）**。アクションリサーチは，実践の場を仮説研究の場として捉える実践的研究の方法であり，単なる現象の動的な録画ではない。

C　**正しい（○）**。エスノグラフィーは，フィールドの中に身を置くことで生身の人間の経験のダイナミズムに出会うための研究方法である。

D　**正しい（○）**。グラウンデッド・セオリーは，データの中にある現象がどのようなメカニズムで生じているのかを，データに根ざした「理論」として示すことを目指す質的な研究法である。

以上の理由から,

a, b, d, eは誤りで, 正答は　c　となる。

問題 11……正答 a

高齢化社会を迎え, 高齢者を支援対象者とする臨床心理士も増えるであろう。高齢者の QOL を低下させる要因として, 視力や聴力の低下が挙げられる。本問題では具体的な例として聴力の低下について扱っている。高い音が聞きづらくなるというのは加齢に伴う一般的な変化であり, 学部レベルで有すべき知識であろう。

A　**刺激閾。**感覚が生じるぎりぎりの閾値を示す。認知閾とは提示された刺激が何であるかを同定できる刺激強度を示す。

B　**高くなる。**閾値の高低と感度の高低は逆転している。感度が低くなれば, 閾値は高くなる。高齢者では高い音（高い時間周波数の音）が聞こえにくくなる。

C　**刺激頂。**刺激が強すぎて, 正常な感覚が生じない刺激強度を刺激頂と呼ぶ。

D　**弁別閾。**2つの刺激の差が検出できる最小の刺激強度を弁別閾と呼ぶ。

以上の理由から,

b, c, d, eは誤りで, 正答は　a　となる。

問題 13……正答 e

コミュニティ心理学における予防の取り組みである第一次予防, 第二次予防, 第三次予防の社会システムにおける実際の取り組みについて, 概念理解と実態とのつながりを問う問題である。臨床心理士は, 医療や福祉の専門家と連携することが多くあり, 予防に関する基本的知識を習得しておくことは必要である。

a　適切でない（×）。第一次予防とは，あらゆる種類の精神障害の発生を未然に防ぐこと，すなわちその集団における精神障害の発生率を低下させることにある。よって本取り組みは，第一次予防の取り組みである。

b　適切でない（×）。未然に防ごうとする対策なので第一次予防である。

c　適切でない（×）。早期発見と早期治療によって精神障害の罹患期間を短縮し，慢性化を防ぐことは第二次予防と呼ばれている。スクリーニング対策は，第二次予防の取り組みである。

d　適切でない（×）。相談機関が利用しやすく，人びとによく知られていることは第二次予防として重要な条件である。第二次予防の取り組みである。

e　適切である（○）。第三次予防は，入院経験のある障害者や自宅療養中の障害者が，地域社会の中で効果的に機能できるよう復帰させることを目的とする。よって本取り組みは，第三次予防である。

以上の理由から，

a，b，c，dは誤りで，正答は　e　となる。

問題 15……正答 b

母子関係についての基本概念と理論を提案した人物の理解を問う問題である。臨床心理士は，母子関係に課題を抱える支援対象者を担当することがあり，乳幼児の発達に関する知識はアセスメントや実践的支援において重要である。

a　誤り（×）。安全基地という概念は Ainsworth, M. D. S. が提示した概念であり，危険を感じた子どもがアタッチメント対象の元に戻り，安心すると再び周囲の探索に戻るという現象を指している。

b　正しい（○）。依託抑うつは Spitz, R. A. が提唱した概念であり，生後 6 カ月以後の乳児が母親と離別すると，急に泣きやすくなったり，ひきこもり，うつぶせになったりし，周囲の状況に興味を示さなくなるなどの対象喪失の反応を指している。

c **誤り（×）**。アタッチメントは Bowlby, J. が提唱した概念であり，乳児が危機に遭遇した際に，特定の対象に接近することを通して安全を確保し，否定的情動を低減しようとする生得的行動システムを指している。

d **誤り（×）**。分離-個体化は Mahler, M. S. が提唱した概念であり，0歳から3歳までの子どもの心理的発達段階を，実証的観察に基づいてモデル化したものである。

e **誤り（×）**。抱える環境は Winnicott, D. W. が提唱した概念であり，母親が子どもを腕に抱っこするように，子どもの自己が成長する環境を提供することを指す概念である。

以上の理由から，

a，c，d，eは誤りで，正答は　b　となる。

問題 17……正答 b

これは，子どもの発達において重要な概念と，その概念に関連する研究で用いられた課題や手法との組み合わせに関する問題である。単に概念を覚えているだけでなく，実証的にそうした概念がどのような手続きで生み出されたのかについて理解することが，子どもの発達を行動の文脈からアセスメントしていくうえで求められる。

a **誤り（×）**。愛着（アタッチメント）は Ainsworth, M. D. S. による「ストレンジ・シチュエーション法」によって実証的に検討されるようになったので誤答。

b **正しい（○）**。「社会的参照」は子どもが不安であったり，判断があいまいであったりするときに，親の表情を手がかりに行動することを言う。「視覚的断崖」という視覚的に断崖と見えるような装置を作り，深い落ち込みのところでは反対側にいる親の反応が励ますようであれば渡るが，そうでない場合は立ち止まることが見られた。したがって正答になる。

c　**誤り（×）。**「心の理論」については，主として，サリーとアンの「誤信念課題」によって実験的手法を用いて明らかにされてきた。

d　**誤り（×）。**誤信念課題は「心の理論」が獲得されているかどうかを判断するものであり，対象恒常性の有無を調べる課題ではない。対象恒常性は，「消えたり，隠されたりしたモノ」に対する乳児の反応を観察することで示される。

e　**誤り（×）。**「３つ山課題」は，子どもの他者視点取得能力の有無をみるもので，脱自己中心性の指標となる。これは「注視」の能力をみる課題ではない。

以上の理由から，

a，c，d，eは誤りで，正答は　b　となる。

問題 22……正答 c

本問は，医療保健分野で高い頻度で使用されている CMI を取り上げている。CMI は，患者に自覚されている身体症状や精神症状，また神経症的な症状を含む情緒的な問題をスクリーニングでき，きわめて有用である。臨床心理士には，このテストの基礎的な知識を習得しておくことが望まれる。

A　**Brodman, K. W.。**CMI はコーネル大学の Brodman ら３名によって考案された。

B　**心身双方。**CMI は心身の両面の自覚症状を短時間のうちに調査することを目的とする。

C　**男女。**検査用紙そのものも男性用と女性用とがある。

D　**神経症。**検査用紙には神経症判別図が添付されている。図は領域ⅠからⅣの４つの領域に区切られており，Ⅳに近づくほど神経症と判定される可能性が高くなる。

以上の理由から,

a, b, d, eは誤りで, 正答は　c　となる。

問題 24……正答 d

臨床心理士に求められる仕事として, 神経心理学的アセスメントの重要性は高まっている。神経心理学検査は, 認知機能の評価に加え, 損傷・病変部位の評価を可能にする。本問は, 神経心理学検査に関する基礎的な知識を問うている。

A　**誤り (×)**。トレイル・メイキング・テストは, 視覚的概念能力, 認知的柔軟性, セット (構え) 転換, 序列化能力, 視覚-運動の連続性, 視覚-空間機能の検査として使われるものであり, 記銘力の検査ではない。

B　**正しい (○)**。ウィスコンシン・カード分類検査は, 高次な知的機能を支える前頭葉機能の中でも, 概念形成, セット (構え) 転換などを評価する手法である。この検査は被検査者の認知の柔軟性を見るのに適している。

C　**正しい (○)**。ストループ課題は, 前頭葉の注意や, 干渉の抑制機能を測定するためのものである。例えば, 色名を答える課題において, 文字を読むという習慣的な反応をうまく抑制できないと, 回答までに時間がかかる場合がある。

D　**誤り (×)**。レイ複雑図形の模写課題は, 脳損傷患者の知覚的構成と視覚的記憶の両方を検討するものである。この課題の結果は, 脳の損傷部位について何らかの示唆を与えるものではあるが,「極端な一般化」は避けねばならないともされている。したがって「脳の損傷部位を確定できる」という記述は誤り。

以上の理由から,

a, b, c, eは誤りで, 正答は　d　となる。

問題 25……正答 c

本問は，心理測定に関する基礎的な理論について問うたものである。アセスメントをより効果的に実施するために，基礎理論の習得は不可欠である。

A　正しい（○）。1950 年代からの古典的な区分によると，基準関連妥当性は，この記述のとおり，予測的妥当性（尺度得点が個人の将来をどの程度予測するか）と併存的妥当性（尺度得点が他の類似の尺度得点とどの程度関連性をもつか）に区分される。

B　正しい（○）。相関係数とは，あくまでも 2 つの変数間の線形な関係の強弱を示す指標であり，因果関係を表すものではない。

C　正しい（○）。内的整合性とは一連の項目に対する回答の間の相関関係を意味する。各項目に対する回答のあり方は同一の態度を反映しているはずであるから，この相関が高ければすべての項目が一貫して同じものを測定しているといえる。

D　誤り（×）。関連が想定される 2 つの尺度間に高い相関が得られた場合は，収束的妥当性があると判断される。

以上の理由から，

a，b，d，e は誤りで，正答は　c　となる。

問題 27……正答 a

ロールシャッハ・テストは代表的な投映法検査の一つである。医療保健分野をはじめ，各分野で使用頻度は高い。臨床心理士としては，ぜひともその分析法・解釈法の基礎を身につけておいてほしい。なお，本問はあらゆるスコアリング・システムに共通する事項のみ取り上げている。

A　色彩。色彩に対する反応は，被検査者の感情，情緒のあり方を反映するといわれる。

B　人間運動。人間運動反応は，静止したインクブロットの中に人の動きを見たものである。このような動きを感じられるのは，想像や空想といった内的な活動の豊かさに由来すると考えられている。

C　**体験型**。色彩反応と人間運動反応の比率を体験型と呼ぶ。

D　**外拡型**。上記の比率において色彩反応が優位になっている場合は外拡型と呼ばれる。

以上の理由から，

b，c，d，eは誤りで，正答は　a　となる。

問題29……正答c

知能のアセスメントにおいては，その基礎となる概念や理論についてよく把握しておかねばならない。本問は知能に関する基礎的な概念や理論に焦点を当てたものである。

A　**誤り（×）**。記述は継次処理を指す。同時処理とは，要素的情報を統合し，全体的・空間的に概観可能なまとまりを形成し，要素間の関係を抽出する心的過程である。

B　**正しい（○）**。Naglieri, J. & Das, J. P.（1997）によると，プランニングとは「個人が問題解決の方法を決定し，選択し，適用し，評価する心的過程」とされる。

C　**正しい（○）**。流動性知能とは，過去の学習経験だけでは対応しきれないような新しい状況や未知の問題に対して，柔軟に対応する適応力を意味する。これは言語性（例えばウェクスラー知能検査の「類似」「算数」などの下位検査で測定されるもの）と非言語性（同じく「行列推理」「絵の概念」などで測定されるもの）の２種類があるとされる。

D　**誤り（×）**。結晶性知能は加齢によって減退しにくいとされる。加齢によって減退しやすいのは流動性知能である。

以上の理由から，

a，b，d，eは誤りで，正答は　c　となる。

問題 33……正答 a

本問は，ロールシャッハ・テストにおける刺激の特徴，分析・解釈の基本的知識に焦点を当てている。なお，この問題はあらゆるスコアリング・システムに共通する事項のみ取り上げている。

A　正しい（○）。Ⅰカードは，まさに被検査者が最初に出会うインクブロット刺激であり，その意味で新奇場面での適応を見るのに適している。

B　誤り（×）。動物反応が多いのは紋切型の思考をしがちであることを意味する。

C　正しい（○）。Ⅱカードには被検査者が初めて出会う強烈な色彩刺激が含まれており，Ⅷカードは初めての全色彩カードである。色彩は情緒を刺激するため，これらのカードで反応の質が低下する場合，情緒刺激に動揺しやすい傾向があることが示唆される。

D　誤り（×）。人間運動反応が共感的な性質を示すかどうかについては，量よりも，むしろその質や内容による。

以上の理由から，

b，c，d，eは誤りで，正答は　a　となる。

問題 37……正答 e

TEG は臨床場面でよく使われる心理検査の一つであり，そのプロフィールの意味を理解することは臨床心理士に求められる力の一つである。

問題文に示された「人に優しくしたいという気持ちが強い」という特徴は，NP（nurturing parent；養育的な親）の高さに反映されている。一方，「人からどう思われるのかを気にする面も強く，頼まれると断ることができないため，無理をしてでも人に尽くしたり，人に利用されるということになりやすい」という特徴は，AC（adapted child；順応した子ども）の得点の高さに表れている。したがって，NP と AC の両方が相対的に高くなっているプロフィールを探せばよい。

以上の理由から，

a，b，c，d は誤りで，正答は　e　となる。

問題 40……正答 e

対象関係論は，パーソナリティ障害の精神病理を説明するために頻繁に用いられるだけでなく，転移・逆転移の理解を深めるためにもきわめて有用な考え方である。したがって，この理論は，ケースの見立てのみならず，面接のあり様を見直すうえでも役立つ。本問は対象関係論の基礎知識を問うものである。

A　誤り（×）。対象関係論では，実際の人間関係だけでなく，個人の精神内界における自己と内的対象の性質や関係のあり方を問題としている。

B　誤り（×）。Winnicott, D. W. によれば，移行対象は青年期ではなく，幼児期において特徴的に現れるとされる。

C　正しい（○）。対象関係論では，生後まもなくの乳児は認知能力が乏しいため，母親を一人の人間として統合的にとらえることができないと考える。つまり，母親の乳房や手，顔はばらばらに認識され，別々の対象（部分対象）として体験される。

D　正しい（○）。対象関係論は，乳児にとって欲求を満足させるものは良い対象として，欲求を満たしてくれないものは悪い対象として認識される，と説く。

以上の理由から，

a，b，c，d は誤りで，正答は　e　となる。

問題 42……正答 c

P-F スタディは，欲求不満場面での反応のあり方を問う上で，きわめて有用なツールである。それは臨床場面のみならず，研究においても活用されることが多い。臨床心理士としては，その基礎的な考え方や，分析・解釈法をぜひとも押さえておきたいところである。

A　誤り（×）。P-F スタディは 1945 年 Rosenzweig, S. によって公刊された。Murray, H. A. が開発したのは TAT である。

B　正しい（○）。P-F スタディには，日常普通に誰でも経験する欲求不満場面が設定されており，被検査者の対人関係における主張性が現れやすい。

C　誤り（×）。評点に際して守らなくてはならない基本的原則は，「被検者の用いた言葉の外見的，表出的意味に基づいて行わなくてはならない」ということである。言い換えるならば，言葉のもつ意味のうちに潜むと思われる被検査者の気持ちや動機をあれこれ詮索して，それをとって評点化することはしない。

D　正しい（○）。反応転移とは，テストの前半と後半を比較して，テストにおける被検査者の心理的な動きを見るための指標である。反応転移からは，①テストに関する心構え，②心の中にどんな気持ちを秘めているかといった被検者の心理構造，③再教育の効果などが検討でき，臨床的に有用である。

以上の理由から，

a，b，d，e は誤りで，正答は　c　となる。

問題 48……正答 d

WISC-Ⅳは，知能の判定のみに用いられるものではなく，認知や情報処理の特徴，発達の程度や偏りなど，さまざまな用途で用いられる。きわめて有用なツールであり，全世界的にみて，最も使用頻度の高い心理検査の一つである。臨床心理士にとって，WISC-Ⅳの基礎的な知識を身につけておくことは必須であると言ってよい。

a　誤り（×）。同時処理とは，「分割された刺激を単一のまとまりやグループにまとめる心的過程」（Luria, A. R.）と定義される。既に獲得した知識を問う「知識」や「単語」，理論的なカテゴリー的思考力を問う「類似」などの下位検査は，同時処理能力を測定するものではない。

b　**誤り（×）**。マニュアルには，「代替を行う場合も含め，VCIを構成する3つの下位検査のうち2つで粗点0点を取った場合，VCIやFSIQは算出できない」と記載されている。他の指標も同様のルールが適用される。つまり，一つの下位検査の粗点が0点であるとしても，合成得点の算出は可能ということである。

c　**誤り（×）**。FSIQは4つの合成得点の合計から標準化されており，4つの合成得点の平均がFSIQになる訳ではない.

d　**正しい（○）**。下位検査の成績は，さまざまな認知過程の最終結果にすぎない。しかし，解答に至るまでのプロセスに着目するならば，正答を導き出す問題解決方略や，誤答の背景にある理由を探ることができる。つまり，プロセス分析は，評価点からは見えない受検児の認知プロセスの特徴を明らかにしうる。日本版WISC-Ⅳでは，積木模様，数唱，絵の抹消の3つの下位検査でプロセス分析を実施することができる。

e　**誤り（×）**。言語性IQと動作性IQが算出できたのは，WISC-Ⅲまでである。WISC-Ⅳにおいては，この2つのIQは採用されていない。

以上の理由から，

a，b，c，eは誤りで，正答は　d　となる。

問題50……正答e

時の流れとともに変遷する精神疾患概念と，その診断基準について臨床心理士は常に正しい知識を身につけておくべきである。本問は，DSM-5からその診断基準に大幅な変更が加えられた自閉スペクトラム症に焦点を当てている。

A　**誤り（×）**。DSM-5においては，広汎性発達障害（PDD）は，自閉スペクトラム症に統合された。これにより，DSM-5では，PDDという概念は用いられていない。

B　**誤り（×）**。DSM-5から，自閉スペクトラム症の主症状は，「社会的コミュニケーションの欠如」と「行動，興味，活動の反復性」の2つに限定された。

C　**正しい（○）**。自閉スペクトラム症は神経発達の障害と位置づけられるため，発達早期に症状が存在していることが診断の条件となる。したがって，診断に際しては，生育歴の聴取を通して明らかにしていく必要がある。

D　**正しい（○）**。自閉スペクトラム症は主症状の重症度以外にも，知的機能，運動機能，他の併存病，養育環境などによって状態像が異なるので，多面的・総合的なアセスメントが必要となる。

以上の理由から，

a，b，c，dは誤りで，正答は　e　となる。

問題54……正答b

Jung, C. G. の創始した分析心理学に関する基本概念を問う問題である。Jungの著した『分析心理学』や河合隼雄の『ユング心理学入門』を参照すると学びが深まるであろう。

A　**誤り（×）**。補償関係にある組み合わせが誤っている。対となる心の機能は「感情-思考」，「直感-感覚」である。

B　**正しい（○）**。言語連想法では，被検者のコンプレックスを刺激するような単語に出会うと，内面で反応の混乱が生じ，結果として反応時間が長くなる。

C　**正しい（○）**。分析心理学では無意識に個人的無意識と普遍的無意識の2層を仮定し，コンプレックスなど個人的無意識の領域に属する内容と普遍的無意識に属する元型的内容を区別して扱う。

D　誤り（×）。分析心理学では夢分析が重視される。しかし，夢の理解の仕方はFreud, S. とは異なる。多くの場合，Freud, S. のように夢を心理・性的な視点から解釈しないし，「願望充足」の産物ともみなしていない。

以上の理由から，

a，c，d，eは誤りで，正答は　b　となる。

問題57……正答c

顕在的な症状や行動，状態と防衛機制の関連を問う設問である。ここで取り上げた防衛機制は，順に「合理化」，「分裂」，「抑圧」，「投影同一化」の四つである。

A　誤り（×）。強迫観念にさいなまれているクライエントは，不快な情動を「隔離（isolation）」したり，「知性化」したりして切り離そうとする。

B　正しい（○）。よい対象とわるい対象，理想化とこき下ろしなど，二極化して認知する心の営みには「分裂（splitting）」が働いている。

C　正しい（○）。外傷的な記憶は自我を脅かすので，「抑圧（repression）」して記憶から消そうとしたり，「解離（dissociation）」したりすることが起こりうる。

D　誤り（×）。腹が立っているのに友好的態度をとるなど，本当の気持ちや態度と反対の振る舞いをするのは「反動形成」である。「投影同一化（視）（projective identification）」は分裂を基礎にして，自分自身の悪い部分を相手の中に投げ入れ（投影），相手を支配・操作しようとする無意識的な営みである。

以上の理由から，

a，b，d，eは誤りで，正答は　c　となる。

問題 59……正答 b

英国等の司法で始まり，近年，わが国の司法領域でも注目されている子どもへの司法面接に関する問題である。犯罪の被害を受けたり，虐待を受けたりした子どもが主な対象で，60分程度の時間で手順を踏んでインタビューが行われる。

A　正しい（○）。司法面接の「司法（forensic）」とは法廷で証拠として利用されるという意味を含んでいる。ここでは司法面接の基本的な趣旨が書かれている。

B　誤り（×）。司法面接は，確かに被害者・目撃者の子どもを主な対象とするが，それ以外に被疑児童（加害児童）や知的障害の子どもにも行われることがある。

C　誤り（×）。司法面接は，専門的訓練を受けた面接者が行い，面接状況はすべて録画する。それが裁判における証拠の一つとして利用される。

D　正しい（○）。通常の子どもに対する事情聴取では児童相談所の職員，警察官，検察官などが順に聴取するが，その繰り返しによる侵襲的なリスクや記憶の変容を最小限に抑えるために，原則として１回で終了させる。

以上の理由から，

a，c，d，e は誤りで，正答は　b　となる。

問題 62……正答 a

対象関係論的な精神分析的心理療法の視座から初期面接における病態水準や防衛機制についての理解や見立てを行うことに関する問題である。

A　正しい（○）。対人場面によって語る内容や態度が異なることは珍しくない。主治医の理解や見立てと心理面接の場面での理解が異なるなら，そのズレの意味を探索する意味でもアセスメントを多角的に丁寧に行う必要があるだろう。

B　誤り（×）。躁的防衛とは喪失に関する悲哀を否認して万能感や勝利感で軽躁的に振る舞うことである。否認して強い怒りを示す反応は躁的防衛とはみなされない。

C　正しい（○）。見捨てられ抑うつや行動化を繰り返したり，恋人への反応が手のひらを返したようにネガティブな認知（悪い対象）に反転したりしている。こうした特徴はパーソナリティ水準，ないしは境界水準の課題を有している可能性があるかもしれない。

D　誤り（×）。精神分析的心理療法の初期に解釈的な見立てを慎重に伝えて，クライエントの反応性を評価することで，精神分析的アプローチの利用可能性を査定することはある。しかしながら無意識的な意味について「初回から積極的に解釈する」ことはクライエントにとって侵襲的になるリスクもあり，少し面接が進むまでは控えるのが一般的である。

以上の理由から，

b，c，d，e は誤りで，正答は　a　となる。

問題 63……正答 d

精神分析的心理療法における重要な介入技法の一つが「解釈」である。解釈は意識されていない側面に新たな意味を与え，気づきを深めるための言語的介入といってもよい。多様な解釈の焦点の当て方を識別できるかを問うた問題である。象徴解釈は，例えば夢分析や描画の意味内容を探索するときに用いられる。防衛解釈は，クライエントの用いている防衛・適応機制について理解を促す際に用いられる。

この事例のやり取りでは，臨床心理士はＡさんと恋人との関係のありようが，「いま，ここ」での面接関係に投影されて認知されている可能性を伝えている。これは転移解釈であり，多くの解釈の中でも中核的な位置を占める転移関係に関する解釈である。

以上の理由から,

a, b, c, eは誤りで, 正答は　d　となる。

問題64……正答c

精神分析的心理療法の視座から面接の終了間際になされるクライエントからの質問の扱い方を問う内容で, 解答に微妙に迷うかもしれない。

A　正しい(○)。面接の終了間際(分離時)に面接関係に関連する葛藤やテーマが話し出されることは少なくない。セラピストとの分離にまつわる不安や転移の可能性を考慮しておく。

B　誤り(×)。自己開示を避けるために質問に「質問で返す」と, クライエントにとってははぐらかされた感じを持たれるかもしれない。

C　誤り(×)。質問されたからと, 微妙な個人的事柄や気持ちを正直に伝えることはリスクが大きい。また面接の終わりであるので, その意味を扱えない。

D　正しい(○)。面接の終了時間であるので, 必要なら次回に話すことにして, 次回にその意味合いを吟味する心の準備をしておく。

以上の理由から,

a, b, d, eは誤りで, 正答は　c　となる。

問題67……正答e

セラピストが面接を1カ月休んだ後のクライエントの反応をどう考えるかを問うている。再開後の不調の背景については, 複数の視点で検討が必要となる。一つは面接関係外の要因で生起している可能性, もう一つはポジティブな面接関係の分離に関連する要因から生起している可能性である。

A　正しい(○)。不眠や行動化, そして判然としない幻聴, 解離様の症状が生起していることから, 統合失調症の前駆症状である可能性も想定して，主治医師と相談するのが自然である。

B　**正しい（○）**。陽性転移の下で長期の休暇を取ったことで，見捨てられた感じがして怒りや不満を体験していた可能性も十分にあるので，その点を看過しないで，扱えると良い。

C　**誤り（×）**。まったく休みなく毎週の面接を定期的に継続することは現実的でない。むしろセラピストの夏休みに対するクライエントの反応を治療的に活用するのが適切である。

D　**正しい（○）**。Bの理解と軌を一にする見方で，症状を内的喪失への反応として仮説的に理解することは正しい。

以上の理由から，

a，b，c，dは誤りで，正答は　e　となる。

問題68……正答a

スーパーヴィジョンとは，より経験のある臨床家がスーパーヴァイザーとなり，より経験の少ないスーパーヴァイジーを教育，訓練することを通して，クライエントの理解を深め，スーパーヴァイジーの成長を目指すとともに，クライエントの福祉や利益を守るものである。したがって，スーパーヴィジョンは，臨床心理士の養成において訓練の大きな要となる。

A　**正しい（○）**。スーパーヴィジョンの基本的な狙いを示した内容である。スーパーヴァイジーのケース理解や技術の成長を介して，クライエントの利益や福祉に貢献することが目的である。

B　**正しい（○）**。クライエントの承諾を得て，面接内容の音声録音やビデオ録画を行い，それを資料としてスーパーヴィジョンを行うこともある。

C　**誤り（×）**。スーパーヴィジョンは担当ケースを通じての学びの機会であり，定期的に継続して行われる。グループ・スーパーヴィジョンであっても例外ではない。日本心理臨床学会ではスーパーヴィジョンを定義して，10回以上の継続という目安を示したこともあった。混同されがちであるが，ワンポイントの指導を受ける場合はケース・コンサルテーションと呼ぶ方が適切である。

D 誤り（×）。個人分析はサイコセラピーである。それに対してスーパーヴィジョンはセラピーではなく，ケース理解と対応に関する学習の機会である。したがって，スーパーヴァイザーがバイジーの個人分析を行うことはない。倫理的観点からみると多重役割になる。

以上の理由から，

b，c，d，eは誤りで，正答は　a　となる。

問題69……正答b

プレイセラピーでのセラピストの関わり方に関する基本姿勢を問う問題である。プレイルームでの自由にして守られた空間では楽しく遊ぶことが目的ではない。どんな風にプレイの時間を使うのかは基本的にクライエントに委ねられている。

A 誤り（×）。プレイセラピーの始まりの場面で「困ったこと」を話すことを促すような問いかけはしない。

B 誤り（×）。プレイセラピーでは他の子を引き合いに出して楽しく遊ぶことを促すことはしない。遊びたくない気持ちも尊重する。

C 正しい（○）。「どうしていいかわからないんだね」，「いまは座っていたいんだね」など，Aさんの行動と気持ちを受け止めて共感的にリフレクションする。

D 誤り（×）。クライエントの座り込んだ行動に対して，セラピストは初っ端から「遊びに誘う」ことはしない。

以上の理由から，

a，c，d，eは誤りで，正答は　b　となる。

問題72……正答a

近年，高齢者を対象とした回想法が比較的よく行われるようになった。回想法にはライフレビュー・セラピー（心理療法）のほか，アクティビティとしての回想法，あるいは世代間交流や地域活動としての回想法など，複数のタイプがある。

A　**正しい（○）**。セラピーとしての回想法では過去の話を引き出すことはしない。過去の未解決の葛藤や気がかりもあるかもしれない。それらは時が熟した時に語られる。

B　**正しい（○）**。アクティビティとしての回想法はセラピーではないので，昔のつらい思い出に焦点を当てないし，扱わない。

C　**正しい（○）**。世代間交流としての回想法では，高齢者が若い人たちに地域の文化や過去の経験を伝えて次の世代に継承する機能も有している。

D　**誤り（×）**。過去の思い出とともに，いまの経験とのつながりや，いまの経験に心の目が向くなら，その語りも傾聴する。

以上の理由から，

b，c，d，eは誤りで，正答は　a　となる。

問題73……正答d

分析心理学の鍵概念の一つであるイメージの臨床的な意味について問う問題である。イメージは意識と無意識の境界領域，ことばとからだの境界領域に立ち現れる世界である。夢分析やアクティブ・イマジネーション，そして箱庭療法や描画などはイメージを重視する。加えて，転移もセラピストに投げかけられたイメージとして理解する。さらには面接室で語られる体験も広くイメージとして捉える傾向がある。

A　**正しい（○）**。上述の通りである。

B　**誤り（×）**。転移とは投影の一種であり，当然，投影された像はイメージの一つである。

C　誤り（×）。イメージがもつ内的な生命力は，時に外的な現実以上の影響力をもたらす。

D　正しい（○）。心に浮かんできた心象を語るので，客観的な出来事というより，広くイメージとして捉える。

以上の理由から，

a，b，c，eは誤りで，正答は　d　となる。

問題80……正答c

エクスポージャー療法（暴露療法）に関する基本的な設問である。エクスポージャー療法は行動療法の主たる技法の一つで，強迫性障害や不安障害に有効である。

A　誤り（×）。フラッディング法では最も高い不安惹起刺激から始めることも特徴とする。

B　正しい（○）。系統的脱感作では筋弛緩法などのリラクセーションスキルを拮抗的に用いる。

C　正しい（○）。インプローシブ療法（Stampfl & Levis）は，イメージによるフラッディング法である。つまり，実際の現実ではなく，イメージで想像して直面化させる。加えて，パーソナリティの中核に潜む不安の根源に直接訴えるという側面を有している。

D　誤り（×）。いわゆる条件付けの原理に基づく「行動療法」の技法であり，「認知療法」に由来する技法ではない。

以上の理由から，

a，b，d，eは誤りで，正答は　c　となる。

問題81……正答b

臨床心理士がスクールカウンセラーとして活動する場合，学校教育に関連する法律に基づいて職務を遂行する必要がある。特に，学校教育の基本をなす教育基本法の精神や，不登校・いじめといったスクールカウンセリングでよく出会う課題，スクールカウンセラーとしての立場については，熟知する必要がある。法律の名称だけではなく，その具体的な内容を問う設問である。

A　正しい（○）。教育機会確保法では，不登校児童生徒の教育機会を確保する方策について，学校外学習機会も含めて定められている。

B　誤り（×）。いじめへの組織的対応として，心理や福祉の専門家との連携を規定しているのは，学校教育法ではなく，いじめ防止対策推進法である。

C　正しい（○）。教育の目的については，日本の学校教育の精神を規定している教育基本法に記載されている。

D　誤り（×）。児童福祉法では，心理的支援にあたる者として一つの職種を定めてはおらず，学校臨床心理士という記載もない。ちなみに学校教育法施行規則改正（2017年4月1日施行）により，スクールカウンセラー（実際には学校臨床心理士の多くが担当）の職務が新たに規定され，児童の心理に関する支援に従事することとなった。

以上の理由から，

a，c，d，eは誤りで，正答は　b　となる。

問題82……正答d

心理社会的な問題を抱える前に，予防的に働きかけることの重要性は，以前から指摘されている。学校では，学童期の子どもに対して集団で予防的支援を実施することが可能であり，今日その重要性が増している。スクールカウンセラーは，今後実施を担う機会が増加すると考えられる。主な予防教育の基礎的知識について理解を深めることは，今後とも重要となる。

A　誤り（×）。ソーシャルスキル教育では，対人関係の問題は個人の性格のために生じているのではなく，ソーシャルスキル（社会技能）がうまく機能を発揮していないため生じるととらえる。

B　**正しい（○）**。構成的グループエンカウンターでは，エクササイズを通して他者とふれあい，ふれあいを通して自己理解が促進され，日常行動が変化することが目的とされている。

C　**正しい（○）**。日本に社会性と情動の学習（social and emotional learning：SEL）が書籍として紹介されたのは1999年である。SELとは社会性と情動の能力を身につけるのに必要なスキル，態度，価値観を獲得する過程をいい，心理学の知見をもとにした教育プログラムの総称である。SELを日本の教育事情に合うように開発された心理教育プログラムの一つが「学校における８つの社会的能力育成のための社会性と情動の学習（social and emotional learning of 8 abilities at the school：SEL-8S）である。SEL-8Sは，５つの基礎的社会的能力と，３つの応用的社会的能力の育成を目指している。

D　**誤り（×）**。Lazarus, R. S. ら（1984）の心理社会的ストレスモデルによれば，同じ出来事（ストレッサー）があっても，個人の素因や認知的評価，ストレス対処法（問題焦点型対処と情動焦点型対処）などによってストレス反応の現れ方は異なる。ストレスマネジメント（STM）教育は，ストレス要因の減少を目的としているのではなく，個々人が自らのストレスに向き合い，望ましいストレスに対する対処法を身に付けること，つまりストレスに対する自己コントロールを効果的に行えるようになることを目的としている。

以上の理由から，

a，b，c，eは誤りで，正答は　d　となる。

問題83……正答c

精神保健に関しては，地域保健法や精神保健及び精神障害者福祉に関する法律（通称，精神保健福祉法）などが絡む。地域保健法では，保健所は精神保健業務に関わることが明記され，精神保健福祉法では，精神障害者手帳の更新期間は２年だと定めている。精神疾患の性質を考慮し，更新期間は２年と短い。また精神保健福祉法では，入院中の者または家族等は，退院を請求できることが定められている。心理臨床実践に関わる精神保健に関する知識の修得は重要である。

A　**正しい（○）**。地域保健法第３章第６条に，保健所は精神保健に関して，企画，調整，指導及びこれらに必要な事業を行うと記されている。

B　**誤り（×）**。「７年ごと」が誤りで，正しくは「２年ごと」である。精神保健及び精神障害者福祉に関する法律第6章第45条4に，「精神障害者保健福祉手帳の交付を受けた者は，厚生労働省令で定めるところにより，２年ごとに，第２項の政令で定める精神障害の状態にあることについて，都道府県知事の認定を受けなければならない」と記されている。

C　**正しい（○）**。厚生労働省は，ホームページ「みんなのメンタルヘルス」で，「精神保健福祉法（正式名称：「精神保健及び精神保健福祉に関する法律」）について」と記している。精神保健福祉法という名称は，通称として広く用いられている。

D　**正しい（○）**。精神保健及び精神障害者福祉に関する法律第５章第38条の四に，「精神科病院に入院中の者又はその家族等（中略）は，厚生労働省令で定めるところにより，都道府県知事に対し，当該入院中の者を退院させ，又は精神科病院の管理者に対し，その者を退院させることを命じ，若しくはその者の処遇の改善のために必要な措置を採ることを命じることを求めることができる」と記され，入院中の者または家族等は，退院を請求できることが定められている。

以上の理由から，

a，b，d，eは誤りで，正答は　c　となる。

問題 84……正答 e

臨床心理学的地域援助の基本であるコミュニティ心理学の基本的な知識に関する問題であり，コミュニティ心理学，エンパワーメント，プログラム評価，非専門家の支援などに関する視点から問う。

A　正しい（○）。エンパワーメントは多義的であるが，特に地域援助の基本的な論理基盤であるコミュニティ心理学では，自己決定の増進が重視される。

B　誤り（×）。プログラム評価では，最終的な成果の検討ではなく，プロセス評価，アウトカム評価，インパクト評価それぞれが重要になる。

C　誤り（×）。コミュニティ心理学では，非専門家である当該コミュニティのメンバー自身の力が重視される。

D　正しい（○）。例えば，雇用者だけに決定権が占有されて被雇用者の自己決定が損なわれている組織では，組織レベルの改革によって各部署の自己決定が促進されることで被雇用者個人の自己決定も増進するなど，エンパワーメントに関しては重層的な理解が重要となる。

以上の理由から，

a，b，c，dは誤りで，正答は　e　となる。

問題 87……正答 d

臨床心理士は，さまざまな臨床現場で，犯罪の被害を受けた方や，その家族への対応を求められることがある。「犯罪被害者等基本法」が施行されたが，まだ認識が十分でない領域でもあると考えられるため，基本的な知識を得ておく必要がある。

A　正しい（○）。犯罪被害者等基本法は，犯罪被害者等の権利利益の保護を目的とした日本で初めての法律であり，2004年（平成16年）に成立した。

B　**誤り（×）**。犯罪被害者等基本法の第二条2項に，「この法律において，「犯罪被害者等」とは，犯罪等により害を被った者及びその家族又は遺族をいう」と記されており，直接，害を被った者だけでなく，その家族および遺族も「犯罪被害者等」に含まれる。犯罪加害者の家族は「犯罪被害者等」には含まれない。

C　**正しい（○）**。第3次犯罪被害者等基本計画の「V-第1-2　給付金の支給に係る制度の充実等（基本法第13条関係）」の(3)項に，「警察庁において，性犯罪被害者の緊急避妊，人工妊娠中絶，初診料，診断書料，性感染症等の経費費用等の公費負担に要する経費を都道府県警察に対し補助するほか，緊急避妊等の公費負担の運用ができる限り全国的に同水準で行われ，性犯罪被害者の負担軽減に効果的なものになるよう，また，性犯罪被害に伴う精神疾患についても犯罪被害給付制度の対象となることの周知も含めて各種支援施策の効果的な広報に努めるよう，都道府県警察を指導する」とあり，性犯罪被害者の医療費の負担軽減について記している。

D　**正しい（○）**。第3次犯罪被害者等基本計画の「V-第2-3 保護，捜査，公判等の過程における配慮等（基本法第19条関係）」の(4)項に，「法務省において，ビデオリンク等の犯罪被害者等の保護のための措置について周知徹底を図り，一層適正に運用されるよう努める」とあり，ビデオリンク等の措置の適切な運用に努めるよう促している。

以上の理由から，

a，b，c，eは誤りで，正答は　d　となる。

問題90……正答a

地域のネットワークづくりや地域の拠点づくり，居場所づくりなどにおけるコミュニティ心理学，犯罪心理学からの説明について問うものである。専門用語としてわからなくとも，地域援助に関する臨床体験が背景にあり，その上で行動現象とその説明を考えれば，正答にたどりつくことができるかもしれない。地域コミュニティづくり，ネットワーク論，環境犯罪抑止論などがキーワードとなる。

A　正しい（○）。ヘルパー・セラピー原則（Riessman, F.；1965, 1990）とは，「セルフヘルプグループやサポートグループにおいては，援助する側と援助される側の人は同じような立場の人たちであり，そのときどきに両者が入れ替わるような，双方向性の相互援助」を意味し，これはセルフヘルプの基本原則とされている。

B　誤り（×）。「弱い紐帯の強さ」とは，知り合い程度の弱い人とのつながりを持つことは情報を獲得する上で力を発揮するという，社会的ネットワーク論で有名な Granovetter, M. の研究に基づいた説明である。よって問題文は間違い。

C　正しい（○）。「割れ窓理論」は犯罪学者 George L. Kelling ら（1982）による。「地域で１枚の割れた窓が放置されていると，窓を割ることはさほど悪いことではないとみられ，次々と落書き，ゴミ捨て，侵入盗などが生じる。つまり小さな違反行為の見逃しは，より悪質な犯罪の発生を招く可能性がある」という意味である。それゆえ，１枚の割れ窓もない地域環境をつくることが防犯対策だと考える。環境犯罪学や教育臨床でも用いられる説明である。

D　誤り（×）。地域住民をエンパワーする，職場・学校や家庭でもない場所は，「安全基地」ではなく「サードプレイス（とびきり居心地よい場所）」と呼ばれる。Oldenburg, R. が提唱した概念（1989）である。彼の例を用いると，郵便局に郵便受けを持っていた頃は，誰もが郵便を受け取りに郵便局まで行かなければならなかった。郵便局は人々が会って，言葉を交わす場所だったという。サードプレイスは，近隣を団結させる機能を持つ。近年では，病院がそれにあたるかもしれない。

以上の理由から，

b，c，d，eは誤りで，正答は　a　となる。

問題91……正答e

クライエントの状態像にのっとって適切なテストバッテリーを考案することに関する設問である。

a　KFDとは「動的家族描画法」のことである。これは，家族皆が何かしているところの描画を求めるものであり，そこから，描画者が自分の家族の人間関係をどのように知覚しているか，家族に対する感情はどのようなものであるかなどを探る。家族関係に問題を抱えた子どもに向いているとされている。

WMS-Rとは「ウエクスラー記憶検査」のことであり，記憶のさまざまな側面を測定することができるので，認知症をはじめとする種々の疾患の記憶障害を評価するのに有効とされている。言語を使った検査ならびに図形を使った検査で構成されている。以上，aの組み合わせは不適切となる。

b　GHQとは，英国モーズレイ精神医学研究所のGoldberg, D. P.によって開発された質問紙法による検査であり，主として神経症者の症状把握，評価，発見に有効なスクリーニング・テストである。適用範囲は12歳～成人とされている。

KIDSとは「キッズ乳幼児発達スケール」と称されているものであり，0歳1カ月～6歳11カ月の乳幼児について，その対象児の日常の行動をよく観察している人が「運動」「操作」「表出言語」などの領域ごとに○×で回答し，そこから対象児の発達年齢を求めるものである。以上，bの組み合わせは不適切となる。

c　バウムテストとは，描かれた木の全体的印象，木の描かれた位置（空間的側面），筆圧・ストローク（動態的側面），幹・樹皮・枝・

樹冠・根・地面・実・花などの状態（内容分析）などから，描画者のパーソナリティを把握しようとする投映法検査である。教示は「実のなる木を一本描いてください」が一般的である。

K-ABCとは「カウフマン式子ども用心理検査」のことである。これは，子どもの知的活動について，認知処理過程尺度と知識・技能の習得度尺度の２つの独立した尺度を設けており，それらの両方面から子どもの知的活動を総合的に把握しようとするものである。以上，ｃの組み合わせは不適切となる。

d　SDSとは「SDSうつ性自己評価尺度」のことである。これは質問項目数が少なく，実施時間も約10分とされているなど，うつ病のように何をするのも億劫と感じやすい人にも，実施上の負担が少ないという特色がある。なお，自己評価とは，自己回答・自己記入の意味であり，採点や結果の判断は検査者が行う。

HDS-Rとは「長谷川式認知症スケール」のことであり，かつては「長谷川式簡易知能評価スケール」と呼ばれていた。認知症の診断に使われる認知機能テストのひとつであり，見当識（日時・場所），記憶，計算問題，数字の逆唱，言葉の流ちょう性などの項目からなっている。HDS-Rは，1991年にHDSを改訂したものである。以上，ｄの組み合わせは不適切となる。

e　CMIとは「CMI健康調査票」のことであり，身体的・精神的自覚症状を幅広く把握できる質問紙である。身体的自覚症状については，目と耳・呼吸器系・神経系・疲労度・疾病頻度・習慣などを問う項目があり，一方，精神的自覚症状については，不適応・抑うつ・不安・過敏・怒り・緊張について問う。心身両面にわたる自覚症状の調査が同時に施行できる特徴がある。

TEGとは「東大式エゴグラム」のことであり，エゴグラムはアメリカの精神科医Berne, E.が考え出した交流分析をもとにしている。交流分析では，人間の行動をCP・NP・A・FC・ACの５つの自我状態に分類し，TEGでは，それらの自我のどの部分が高く，どの部分が低いかによって，また全体のプロフィールから個人の性格傾向を知ろうとするものである。以上，eが最も適切な心理検査の組み合わせとなる。

以上の理由から，

a，b，c，dは誤りで，正答は　e　となる。

問題99……正答e

家族療法，ジェノグラム，家族ライフサイクルについての問題である。臨床心理士として備えておきたい基本知識である。

A　誤り（×）。家族療法では，症状や問題を示した人を患者（patient）とは呼ばず，IP（identified patient, index patient）と呼ぶ。IPとは「患者とされた者」「指標となる患者」という意味であり，家族システムのなかで，たまたま問題や症状を呈した人，家族システムや家族を取り巻く生態システムの機能不全を示している人，ととらえる。症状や問題は，IP個人の救助信号であると同時に，より大きなシステムの救助信号でもあるとみなす。よって，家族療法では，IPに「焦点を合わせて」支援するといった，個人の症状や問題への支援だけでは不十分であるととらえ，家族全体への支援を重視するのである。

B　正しい（○）。Ackerman, N. W. は1933年にコロンビア大学から医学博士号を授与され，精神分析の臨床実践を重ねた。その精神分析の経験と，芸術家であった次男が精神病になるなどの個人的経験を通して，家族療法の必要性を痛感するようになった。そして1960年にニューヨークに家族療法研究所を設立し，初代所長となった。なお，彼の死後，それは「アッカーマン家族療法研究所」と改名された。

C　誤り（×）。ジェノグラムとは，家族療法のなかで多世代理論を開発したBowen, M.が，家族の問題は単に，今ある家族の相互作用の悪循環や家族ライフサイクル上のつまずきによって生じるのではなく，多世代にわたって発展した問題でもあるととらえたことをベースにしている。そのために，ジェノグラムの家族の図示とは「現在の家族構成を図示する」ものではなく，少なくとも３世代の観点から家族の問題を縦断的に理解できるよう，３世代遡っての図示が一般的である。

D　誤り（×）。家族ライフサイクルとは，個人のライフサイクル（人生周期）になぞらえて，家族についても，結婚による家族の誕生から死までの一生を理解しようとするものである。この家族ライフサイクルは，最初のステージが「子どもの誕生」でなく，また「結婚」でもないところに特徴がある。結婚の前の「家からの巣立ち」（独身の若い成人期）を家族ライフサイクルの最初のステージとしており，そのときの家族システムの発達課題は「原家族からの自己分化」である。

以上の理由から，

a，b，c，dは誤りで，正答は　e　となる。

問題100……正答b

臨床心理士ならびに臨床心理学の倫理について基本的事項を問うている。倫理について，単に知識としてのみ身に付けるのではなく，「倫理感覚」を醸成することが肝要だが，そのためには，例えば「臨床心理士倫理綱領」を熟読し，それを咀嚼することが，最低限の必須要件と言える。

A　正しい（○）。臨床心理士倫理綱領第１条に「臨床心理士は自らの専門的業務の及ぼす結果に責任を持たなければならない」と明記されている。それが実現されることで初めて，臨床心理士は社会的信用を保持でき，社会的責任を遂行できる。

B　誤り（×）。臨床心理士倫理綱領第4条に「査定結果が誤用・悪用されないように配慮を怠ってはならない」とあり，そのうえで同条において「臨床心理士は査定技法の開発，出版，利用の際，その用具や説明書等をみだりに頒布することを慎まなければならない」とある。心理検査は何のために行うのかを十分に理解していれば，この選択肢のなかの「広く周知する努力を行う」といった文言に惑わされるはずがない。

C　正しい（○）。臨床心理士倫理綱領第7条に「研究は臨床業務遂行に支障をきたさない範囲で行うよう留意し，来談者や関係者に可能な限りその目的を告げて，同意を得た上で行わなければならない」とある。これもまた，臨床心理学上の研究は何のために行うのか，その根本を考えれば，至極当然のことである。

D　誤り（×）。臨床心理士綱領第8条に「特に商業的な宣伝や広告の場合には，その社会的影響について責任がもてるものでなければならない」とある。商業的な宣伝や広告そのものを禁じているわけではなく，支援を必要としている人や関係者に対して，宣伝や広告を通じて，適切に情報が届く意義は大きい。しかし，言うまでもなく，宣伝や広告が事実と異なるものであったり，倫理面の配慮が不足・欠落するものであったりしては論外となる。

以上の理由から，

a，c，d，eは誤りで，正答は　b　となる。

令和元年度試験問題の正答と解説

問題1……正答 a

古典的な認知発達理論の代表である Piaget, J. の発達理論についての設問である。Piaget は，子どもには年齢に応じた認知的な能力の制約があることや，積極的に環境を理解しようとしていることを示している。このような子どもの認知発達の特徴を理解することは，心理臨床における事例理解に有用である。

A　誤り（×）。物理量の外見が変化しても，その数量や重さは変化しないというのは，「保存」の獲得を説明しており，該当する時期は「具体的操作期」である。つまり，「形式的操作期」という記述が誤りである。

B　正しい（○）。感覚運動期とは，知的な働きが感覚と運動の連合の形成によっている時期であり，行動そのものへの興味によって同じ行動を繰り返す第一次循環反応の時期から，行動の結果に興味を持って意図的な行動が可能になる第二次循環反応の時期へと変化していく。

C　正しい（○）。Piaget は，知能の発達を，外界を自己のシェマに取り入れる同化と，外界に応じて自己のシェマを変えていく調節の２つの相互作用による絶え間ない均衡化を通して起こる，ある構造から次の構造への変換であると考えた。

D　誤り（×）。象徴機能の発達によって認識の対象や範囲が大きく変化し，他者の視点が自分とは違うことに気づくのは，具体的操作期以降である。つまり「前操作期」の記述が誤りである。

以上の理由から,

b, c, d, eは誤りで, 正答は　a　となる。

問題6……正答d

臨床心理士が出会うクライエントの多くは何らかのストレス状況にあり, それは心理的側面だけではなく, 身体的側面にも現れうる。この心身相関的な視点を持つうえで, ストレスの基礎理論を知っておくことは必須である。Cannon, W. B. や Selye, H. による生理的なストレス・モデルは, Lazarus, R. S. らによって心理学的なモデルへと拡張され, その後のストレスマネジメント研究や感情研究などの発展につながった。特に近年では, ネガティブな感情だけではなく, ポジティブな感情についても知見が多く蓄積され, ポジティブ感情がただの快楽や気休めではなく, 人が困難な状況を生き抜くうえで不可欠な資源となりうることが知られるようになっている。

A　正しい (○)。Selye, H. は, 過酷な気温, 外傷, 過重運動などの多様な負荷をラットにかけると, 消化器官の潰瘍や, 胸腺・リンパ節の萎縮, 副腎皮質の肥大などの症状がみられることを見出した。このように反応が身体の一部に限局されるのではなく, 非特異的に現れることから汎適応症候群と呼んだ。

B　正しい (○)。体温や血糖値など, 身体の内部状況を一定に保とうとする機能が人間に備わっている。これを Cannon, W. B. は「恒常性の維持」という意味合いの語, ホメオスタシスと呼んだ。ホメオスタシスは外的なストレスに対する身体反応を説明するうえで基盤となる考え方である。

C　正しい (○)。ストレスに直面した際に, その状況に対し主体的に考えて判断をし, 対処する。そのようにストレス反応を引き起こすまでの媒介過程として, 認知的評価と対処のプロセスが重要であることを指摘しているのが, Lazarus, R. S. と Folkman, S. のモデルである。

D　誤り（×）。ネガティブ感情にともなう生理的反応を早く鎮静化させるのは，ポジティブ感情の復元効果（undoing effect）である。心理的リアクタンスは，説得に関する研究で用いられる用語であり，奪われた行動の自由を回復しようとする情動喚起の状態を指す言葉であるため，誤りである。

以上の理由から，

a，b，c，eは誤りで，正答は　d　となる。

問題７……正答ａ

Festinger, L. による認知的不協和理論に関する古典的な実験をもとにした問題である。認知的不協和の解消という目的のもとで，「ある活動が面白かったかどうか」という主観的な体験が変化させられることが示されている。臨床心理士の援助活動は，クライエントが自己や他者をどのように見ているのかを絶え間なく想像する中で行われる。しかし，そのクライエントの内的体験は，さまざまな要因によってダイナミックに変容しており，“ありのままの報告”というのは，ありえないことがわかる。クライエントが報告した内的体験が，どのような社会的状況の中で，どのように動機づけられて行われたのかを多面的に理解することは重要である。認知的不協和理論をはじめとする社会的認知に関する社会心理学的知見から学ぶところは大きい。

A　「高く」が正しい。被験者は，自分はつまらない作業をしたにもかかわらず，次の被験者に対して「面白かった」と報告をさせられている。ここに認知的不協和が生じる。しかし，この不協和な行動に対して，高額な報酬（20ドル）が提供されると，自分の行動が報酬のためのものだと解釈可能になり，不協和が解消される。一方，低額のわずかな報酬（１ドル）ではその解釈は適用できず，不協和は残る。そこで，もともとつまらなかったであろう作業に対する意見を「面白かった」と変化させることで，不協和の解消ができる。そのため，1ドル条件では，作業の面白さを「高く」評価することになるのである。

B **「認知的不協和」が正しい。** Aの解説で述べた通り，認知的不協和に関する実験である。社会的ジレンマは，“囚人のジレンマ”などに代表される，個人の利益と他者・集団の利益が葛藤する相互依存状態のことをさすので，誤り。

C **「変化」が正しい。** Aの説明で述べた通り，低額の報酬では自分の行動が報酬のためのものだと解釈ができないため，作業に対する自分の意見を「面白かった」と変化させることで不協和の解消をする。

D **「Festinger, L.」が正しい。** 認知的不協和理論はFestinger, L. によるものである。Allport, G. W. はパーソナリティの特性論や態度についての研究で知られており，誤りである。

以上の理由から，

b，c，d，eは誤りで，正答は　a　となる。

問題8……正答d

失語症の古典分類と，その主な症状および損傷領域を問う問題であり，正答するには脳の側性化や機能局在についての知識も必要となる問題である。失語症は，脳出血，脳梗塞など脳血管障害や外傷などにより，一度獲得されていた言語機能が失われる障害である。脳血管障害の患者数は40歳代から増加することが知られており，日本の人口構造から今後さらに患者数の増加が予測され，臨床心理士が関わりを持つ機会も多くなると思われる。失語症がどのような障害であるのかに関する基本的な知識を有することが，失語症患者を理解するうえで不可欠なものである。

A **「左半球」が正しい。** 言語機能は右利き者の95%以上，左利き者

186

の65％以上で左大脳半球に偏っていることが知られている。そのため，左半球の損傷時に失語症の発症事例が多い。

B 「前頭葉」が正しい。ブローカ野は前頭葉下後部に位置しており，発話に重要な部位と考えられている。

C 「発話」が正しい。ブローカ失語では発話の困難が認められ，そのため運動性失語（非流暢性失語）とも呼ばれている。発話量の減少，発話開始の困難，発話速度の低下といった症状が認められることが多い。言語理解の困難が認められるのはウェルニッケ失語である。

D 「側頭葉」が正しい。ウェルニッケ野は側頭葉上後部に位置しており，言語理解に重要な部位と考えられている。

以上の理由から，

a，b，c，eは誤りで，d が正答となる。

問題14……正答d

自閉スペクトラム症は，できるだけ早期から介入を始めることが有効だとされている。特に本事例のような地域の母子保健事業における健診がきっかけとなって支援につながるケースは多く，臨床心理士がアセスメントに基づいた適切なコンサルテーションを行えることが重要である。そのためにも，支援に活かすことのできるアセスメントツールを理解しておく必要がある。

A 誤り（×）。WISC-IV（Wechsler Intelligence Scale for Children, Fourth Edition）は，ウェクスラー式知能検査であり，自閉スペクトラム症のアセスメントツールとしてしばしば用いられるものであるが，対象年齢は，5歳0カ月～16歳11カ月であり，3歳児には適用できない。

B 正しい（○）。ADOS（Autism Diagnostic Observation Schedule）は自閉スペクトラム症の診断・評価に特化した検査である。年齢と言語水準によって4つのモジュールに分けられ，標準化された検査用具や質問項目を用いて半構造化された場面を設定し，対人的スキル，コミュニケーションスキルを引き出し，行動観察の結果を評定する。乳幼児用モジュール1は，無言語から二語文レベルの乳幼児で，推奨年齢は31カ月（2歳半）以上とされている。

C　**誤り（×）**。ADAS（Alzheimer's Disease Assessment Scale）は，認知症の重症度を調べる検査であり，見当識，記憶，言語機能，行為・構成能力を見ることができる。

D　**正しい（○）**。PEP-3（Psychoeducational Profile, Third Edition）は，ノースカロライナ大学のSchopler, E. らがTEACCHプログラム実施に際して，支援にエビデンスを与えるために開発した自閉症の幼児・児童への教育診断ツールである。対象児の興味を引く活動・課題を通して自閉スペクトラム症の強みと弱み，教育診断評価ができるものであり，年齢が2歳～7歳半までの子どもたちに用いることができる。

以上の理由から，

a，b，c，eは誤りで，正答は　d　となる。

問題15……正答a

集団内の影響過程に関連した問題である。多数派では集団規範への同調行動として，少数派では一貫した態度が集団の規範を変えていくこととして，それぞれ集団内で及ぼす影響のしかたが異なることが知られている。また，同調行動のメカニズムは規範的な影響力だけではなく情報的な正確さを求める動機も関連している。このような集団規範に関連する集団内の影響過程は，集団の力が個人の態度に及ぼす影響を明示しているもので，臨床場面で出会う対象者が置かれた状況から理解するために必要な視点だといえる。

A　**正しい（○）**。「社会的アイデンティティ」とは，自分がどのような社会集団に所属しているのかという自己認識であり，所属集団の相対的な優劣が自分自身の優越感や劣等感につながりやすいという特徴を持っている。そのため，人間は自己高揚感を得るために，外集団よりも内集団を高く評価する傾向があり，自分が所属している内集団の価値が高いと思うことによって，自分自身の自己高揚感や自尊心も同時に満たされやすくなる。

B　誤り（×）。同調圧力を及ぼす集団のサイズの影響力は，３人までは急激に増大するが，それ以上集団のサイズが増大しても，多数者方向への同調はほぼ横ばいとなることが明らかにされている。

C　正しい（○）。集団の中で少数派が集団を変革していくこともある。Moscovici, S. らは，少数派の意見が集団に広がっていく過程で，何が影響要因となるのかを検討し，少数派の行動が一貫しているときに集団に対して影響力を持つことを明らかにしている。

D　誤り（×）。なぜ多数派への同調が起こるのかを考える際に，情報的影響と規範的影響を区別する必要があることが指摘されている。情報的影響とは，比較的客観的と思われる情報や知識を伝えることによって相手の判断に影響を及ぼすことをいい，規範的影響とは，社会的に何が「正しい」かを示唆することによって，それに対する相手の同調を求めることである。したがって，この文章は規範的影響の説明となっているため誤りである。

以上の理由から，

b，c，d，eは誤りで，正答は　a　となる。

問題 19……正答 b

生涯発達的視点から，成人期の課題について問う問題である。臨床場面でも，思春期・青年期の子どもの面接において，その子どもを育てている親が抱える課題が子どもに何らかの影響を与えていることはよく見られる。また，中年期以降の抑うつや離婚の問題等が増えていく中で，クライエントが直面している成人期の課題を理解し，それを受け止めていくことを臨床心理士が援助することが求められているだろう。以上のような点から，成人期の課題を理解しておくことが重要である。

A　正しい（○）。Levinson, D. J. は，中年期男性の面接調査から，成人期の生活構造の発達は，安定期と過渡期が交互に現れて進んでいくことを明らかにした。過渡期は生活構造が変わる時期であり，次の段階に移行するためにそれまでの価値観やアイデンティティの修正を迫られることも多い。Levinson, D. J. らは，成人前期から中年期への移行期を「人生なかばの過渡期」とし，人生の見直しや転換，再構成のために，不安定になりやすい時期として注目している。

B　誤り（×）。Erikson, E. H. は，成人期には生殖性（generativity：世代性とも訳される）と自己耽溺と停滞（self-absorption and stagnation）という対立命題があるとし，そこから生まれる力を世話（care）とした。英知（wisdom）は老年期に生まれる力であり，誤り。

C　正しい（○）。成人期には，子どもが巣立つことによって，親役割の喪失とそれに伴うアイデンティティの混乱から，不定愁訴や気分障害，不安障害，身体表現性障害などとして現れることがある。この現象を「空の巣症候群」と呼ぶ。これは親のアイデンティティの転換と危機に関わる問題である。

D　誤り（×）。中年期に，人が内面に目を向けるようになり，それまで向き合ってこなかった心の領域を実現することで，自己を統合していくという個性化（individuation）が生じることを提唱したのは，Jung, C. G. である。したがって，Baltes, P. B. が誤り。

以上の理由から，

a，c，d，e は誤りで，正答は　b　となる。

問題 20……正答 b

防衛機制は，人が社会に適応していくうえで必要なものであるが，それが強すぎると病的な状態に至る。クライエントがどのような防衛機制を用いているのかを捉えることは，クライエントとの関係性にも影響を及ぼすため，特にアセスメントにおいては不可欠である。ここでは，防衛機制の基本について問う問題が出題されているが，虐待を受けた子どもに関連した防衛機制である「攻撃者への同一化」も取り上げられている。

A　**誤り（×）**。Freud, S. の防衛のメカニズムを発展させて，防衛機制について整理したのは，Freud, S. の娘である Freud, A. である。したがって，Klein, M. は誤り。

B　**正しい（○）**。防衛と適応はつながっており，防衛機制をみていくことで，その人のあり方や行動パターンを理解することにつながる。また，どのような防衛機制を用いているかによって，自我の活動を把握することが可能となる。

C　**誤り（×）**。自分にとって受け入れ難い信念を締め出すのは，否認ではなく，抑圧である。抑圧はヒステリーのメカニズムとして Freud, S. が最初に発見した防衛機制であり，自分というのはこういう人であるという自己像を守るために，それに当てはまらないものをすべて意識から閉め出してしまう働きを意味する。否認は，受け入れ難い現実や想念が，あたかも存在しないかのように心理的生活を営むことであり，誤りである。

D　**正しい（○）**。攻撃者への同一化は，自分を傷つけた人に同一化する（取り入れる）ことであり，Ferenczi, S. が最初に用いた。個人の対処能力を超える被害を受けたときに人が行う一つの防衛方法でもあり，影響の残り方でもあるといわれている。虐待を受けた子どもによくみられ，虐待の世代間伝達は攻撃者への同一化が生じているために起こるという考えもある。

以上の理由から，

a，c，d，eは誤りで，正答は　b　となる。

問題22……正答a

内田クレペリン精神検査の成り立ち，判定の仕方に関する問題である。医療保健，産業，教育など幅広い分野で使われている検査であり，使用頻度の高い検査であることから基本的な理論を十分に知っておきたい。

A　正しい（○）。Kraepelin, E. の連続加算作業の実験にヒントを得て，内田勇三郎が今の形式に作り上げた。

B　正しい（○）。知的能力と作業量の相関は高い。しかし作業量の低い者の中には，情意面の特徴や問題が影響している場合がある。

C　誤り（×）。定型曲線とは健常者に比較的多く出現する曲線であり，平均をとったものではない。

D　正しい（○）。定型曲線では，休憩による疲労の回復や慣れのために，前期の作業量に対して，後期の作業量が全体的に増加する。

以上の理由から，

b，c，d，eは誤りで，正答は　a　となる。

問題23……正答e

心理検査の実施や研究発表における倫理的配慮における秘密保持，インフォームド・コンセントに関する問題である。実践現場では迷う場合も少なくないが，基本に立ち返って判断できるような心の備えが必要である。

A　誤り（×）。日本臨床心理士資格認定協会の「臨床心理士倫理綱領」第３条〈秘密保持〉，第７条〈研究〉に規定されているように，対象者の承諾を得るなど最大限の配慮をしなければならない。

B　誤り（×）。倫理綱領第３条には「専門家としての判断のもとに必要と認めた以外の内容を漏らしてはならない」と規定されている。生命の危機に関する事態は判断を要する。質問紙の回答のみで，ただちに家族に報告するのではなく，慎重かつ丁寧に対象者の話を聴くことが先決であろう。

C　誤り（×）。心理検査を実施することで，どのようなことが明らかとなり，それが支援にどう役立つか，といった検査の目的や概要について，事前に情報提供したうえで，同意を得ることが必要である。

D　正しい（○）。倫理綱領第４条〈査定技法〉には「来談者の人権に留意し，査定を強制してはならない」と規定されており，対象者の同意なしに心理検査を実施してはいけない。

以上の理由から，

a，b，c，dは誤りで，正答は　e　となる。

問題 24……正答 e

描画法に関する基本的知識を問うものである。比較的よく用いられるものばかりであり，確実におさえておきたいことである。

A　誤り（×）。HTPP テストは，HTP テストの改良版の一つで，「家」「木」「人物」「その人物と反対の性の人物」を描く。

B　誤り（×）。風景構成法のアイテムの描く順番は，「川→山→田→道→家→木→人→花→動物→石」である。

C　正しい（○）。Goodenough, F. L. の人物画テスト（DAM）は，もともとは児童の知的発達のアセスメントのために開発されたものである。

D　正しい（○）。バウムテストは，９歳頃までは発達的側面をとらえることができる。一線幹から二線幹へ，一線枝から二線枝へといった発達的変化がみられる。

以上の理由から，

a，b，c，dは誤りで，正答は　e　となる。

問題 26……正答 d

DSM-5における精神疾患の定義に関する問題である。出題されている4つのうち3つは「神経発達症群／神経発達障害群」に含まれており，他の1つは「心的外傷およびストレス因関連障害群」である。

A　誤り（×）。反応性アタッチメント障害は，不適切な養育環境を背景として，「最小限の対人交流と情動の反応」が特徴である。「過度に馴れ馴れしい行動」は，「脱抑制型対人交流障害」の特徴である。

B　正しい（○）。自閉スペクトラム症の中核的特徴である，「社会的コミュニケーションの障害」と「限定された反復された行動，興味」は，一般に2歳頃までに明らかとなる。

C　誤り（×）。限局性学習症は，知的能力障害による全般的な学習困難ではなく，書く・読む・計算するなど特定の領域で著しい困難を示す状態である。

D　誤り（×）。注意欠如・多動症（注意欠如・多動性障害）は，神経発達症群／神経発達障害群に分類される。

以上の理由から，

a，b，c，eは誤りで，正答は　d　となる。

問題 34……正答 d

標準化と標準得点の考え方を基盤として，それがウェクスラー式知能検査の得点にどのように活かされているかに関する問題である。心理検査の解釈においては，統計学的な見地からもその意味を正確にとらえなくてはならない。そのための基礎知識を問うている。

A　「標準化」が正しい。「恒常化」は，実験計画法において剰余変数による影響を抑制するための手法の一つである。

B　**「偏差値」が正しい。**「臨界値」は，検定を行うときに有意水準を設定して帰無仮説を棄却するかどうかを決定する際の境目となる値である。

C　**「15」点が正しい。**

D　**約「96」%が正しい。**

以上の理由から，

a，b，c，eは誤りで，正答は　d　となる。

問題40……正答b

臨床面接とは異なる司法面接（forensic interview）の特徴に関する問題である。心理臨床の現場ではさまざまな種類の面接技法が考案されており，対象者や目的に合わせて選択し，用いる必要がある。そのためには，それぞれの面接法の性質や特徴を理解しておかなければならない。

A　**正しい（○）。**司法面接の目的は，①正確な情報をより多く引き出すこと，②面接を受ける子どもは被害者や犯罪目撃者であることが多いので，子どもの心理的負担を最小限にすること，の２点とされている。

B　**誤り（×）。**上述の目的②のために，司法面接の実施は原則として一度だけとされている。

C　**誤り（×）。**動機づけ面接法に当てはまるものと言える。

D　**誤り（×）。**誘導や暗示を最小限にし，できるだけ被面接者の自由報告を引き出そうとするため，主に用いるのは開かれた質問である。

以上の理由から，

a，c，d，eは誤りで，正答は　b　となる。

問題 41……正答 b

ロールシャッハ・テストの標準的実施法に関する問題である。包括システムと片口法を比較しながら，基本的な考え方について尋ねている。

A **「片口法」が正しい。**被検査者に過度の緊張を与えてしまうおそれがある場合は対面ではなく 90 度の角度に座るなどの工夫が必要だとされているが，施行時の座り方に特に定めはない。

B **「包括システム」が正しい。**検査者が被検査者に意図せず与えてしまいがちな非言語的手がかりを減らすことを目的として，対面して座ることを避け，横に座ることを原則としている。

C **「反応時間」が正しい。**片口法その他多くの技法においては，反応時間を測定するが，包括システムでは測定しない。

D **「反応数」が正しい。**R–PAS では，総反応数が他の変数の分布に大きく影響し，解釈の正確さを減少させる恐れがあるとの立場から，すべての図版で反応数を「２つ以上，４つ以下」とする反応数最適化実施法を提唱している。

以上の理由から，

a，c，d，e は誤りで，正答は　b　となる。

問題 43……正答 c

ロールシャッハ・テストにおいて思考過程やその障害の有無をアセスメントする際の指標に関する問題である。統合失調症と発達障害の鑑別診断などで有益である。

A **誤り（×）。**形態水準の一般的なデータからすると，70～85％の範囲が正常範囲になっており，75％は現実吟味がかなり低いとはならない。

B **正しい（○）。**混交反応は Rorschach, H. 自身が統合失調症群の中で見いだしたスコアであり，深刻な思考の問題を反映している。

C **正しい（○）。**Rapaport, D. により体系化された逸脱言語表現や包括システムの特殊スコアには，統合失調症を疑い得る指標が含まれている。

D　誤り（×）。修正 BRS はロールシャッハ・プロトコルの総合判断であり，PTI は統合失調症の鑑別のための指標である。

以上の理由から，

a，b，d，e は誤りで，正答は　c　となる。

問題 44……正答 e

神経心理学検査について，それぞれ何を査定するものなのかという検査目的に関する問題である。

a　HDS-R は認知症高齢者のスクリーニングを目的とした認知機能を調べるためのものである。

b　ベンダー・ゲシュタルト・テストは図形の模写により器質的な脳機能障害の査定を目的としている。記憶を測定するものではない。

c　時計描画テストは視空間認知や言語理解，注意力，実行機能，干渉刺激に対する抑制など多様な認知機能を測定し，認知症のスクリーニングに用いられることが多い。

d　COGNISTAT には提示された絵の内容を説明する設問があるが，これは失語や作話，表出性言語，状況理解あるいは社会的認知などを測定する設問である。

e　リバーミード行動記憶検査は，日常記憶の障害を測定または予測するもので，持ち物の記憶，約束の記憶といった「展望記憶」機能を測定できることが特徴の一つである。

以上の理由から，

a，b，c，d は誤りで，正答は　e　となる。

問題 46……正答 e

発達障害児者の特徴をとらえ，アセスメントするための尺度についての問題である。ASD，ADHD，LD のいずれを対象としたものなのか，共通して用いられるものなのか，さらに，実施方法について問うている。医療・教育・福祉の多領域において知っておきたい内容である。

a　CAARS は，成人 ADHD 特性の重篤度を把握するための尺度で，自己記入式と家族などの観察者評価式とが含まれている。

b　M-CHAT は，乳幼児期における ASD の早期発見・支援を目的として，保護者に実施する質問紙である。

c　感覚プロファイルは，感覚処理機能をとらえるため，幼児・児童では保護者などに，青年・成人では本人に評価してもらう尺度である。

d　PARS-TR は，養育者への半構造化面接により，対象者の ASD 特徴を把握するための評定尺度である。

e　Vineland-Ⅱは，発達障害や知的障害をもつ人の適応行動の水準をとらえ，支援計画立案を目的として，対象者の保護者や介護者への半構造化面接により実施する尺度である。

以上の理由から，

a，b，c，d は誤りで，正答は　e　となる。

問題 48……正答 d

P-F スタディの基本的な用語に関する問題であるが，検査の理論的背景を知らないと適切に答えられない概念ばかりである。

A　**誤り（×）**。アグレッションの型（障害優位・自我防衛・欲求固執）と方向（他責・自責・無責）の２次元により分類する。

B　**正しい（○）**。考案者である Rosenzweig, S. は，敵意的な意味での「攻撃」でなく，「主張（アサーション）」の意味としてのアグレッションであることを強調している。

C　**誤り（×）**。児童期における GCR（集団順応度）は，成熟の指標とも言われ，社会的常識や適応度，精神発達の程度と対応している。

D　**正しい（○）。**P-Fスタディにおけるフラストレーション場面は，他者または偶然の出来事が原因の自我疎外場面と，原因が自分にある超自我疎外場面から構成されている。

以上の理由から，

a，b，c，eは誤りで，正答は　d　となる。

問題50……正答e

パーソナリティを把握するための質問紙法検査の基本に関する問題である。知識としてはよく知られている内容であるが，各質問紙がパーソナリティ（人格特徴）をどういうものととらえているか，背景にある理論を理解しておくことが必要である。

A　**誤り（×）。**TEGは，「親（P）」「大人（A）」「子ども（C）」の３つの自我状態の心的エネルギーの配分状況を測定している。

B　**誤り（×）。**YG性格検査は，12の性格特性を示す下位尺度から構成されている。臨床尺度ではない。

C　**正しい（○）。**パーソナリティの５つの主要な次元を測定している。

D　**正しい（○）。**Eysenck, H. J. の理論に従って，「神経症的傾向」「外向性-内向性」の２つの次元から，９つの性格類型を判定する。

以上の理由から，

a，b，c，dは誤りで，正答は　e　となる。

問題51……正答e

場面や年齢を選ばずに面接に取り入れることができる，非言語的な表現療法の一つとして，コラージュ療法の概略を問う初歩的な問題である。コラージュは，描画に抵抗を感じるクライエントにも導入できる場合が多いので，クライエントに合わせて面接の幅を広げることができるための選択肢として利用できる。

A　**誤り（×）**。実施対象者を限定することは妥当ではない。自主的に取り組んでもらえるのであれば，対象者の病態水準（精神病の急性期を除く）や年齢に関係なく実施可能である。

B　**正しい（〇）**。セラピストは通常できあがったコラージュ作品について，箱庭療法と同様，解釈はしないが，互いに感想を述べ合ったり，セラピストからクライエントに作品のテーマなどを「質問」して，なんらかの言語化を促したりするのが一般的である。

C　**誤り（×）**。「高齢者を除く」の部分が誤り。コラージュ療法は年齢を選ばない。

D　**誤り（×）**。台紙に余白がなく，満遍なく切り抜きが貼られることが，クライエントの自己表現がよくできていることを示すわけではない。コラージュ療法では，余白はクライエントの意味のある表現として尊重されている。

以上の理由から，

a，b，c，dは誤りで，正答は　e　となる。

問題57……正答c

NICU（新生児集中治療室）とは，Neonatal Intensive Care Unitの頭文字をとった略語である。予定日前に急に産まれた赤ちゃんや小さく生まれた赤ちゃん，呼吸等の助けが必要な赤ちゃんが，特別な保育器の中で，治療を受けたり，元気に育つためのケアを受けたりする空間である。臨床心理士は，保育器の中の赤ちゃんを，しばしばお母さんと一緒に見つめながら対話をする。

したがって，臨床心理士は，母親と赤ちゃんのユニットを抱えながら，母子の絆の形成の促進をサポートする。本事例の場合も，母子の絆の形成が促進できるようなサポーティブな育児環境を整えることが大切であろう。また父親の応援が乏しいだけに，臨床心理士が母親の思いを受け止めて，育児に関する情報提供をすることも有効であろう。

A　誤り（×）。現状況から考えて，適切な対応とはいえない。

B　正しい（○）。上記記載にあるとおり。

C　誤り（×）。保健師との連携や依頼は大事な役割ではあるが，NICU の臨床心理士の支援では中～終盤の支援課題であり，「まず初めに」行うことではない。

D　正しい（○）。上記記載にあるとおり。

以上の理由から，

a，b，d，e は誤りで，正答は　c　となる。

問題 58……正答 a

保育園の「巡回相談」の場面である。保護者が子どもの発達の問題に気づくことは，その後の発達支援のスタートとして非常に重要である。そういった場面では，巡回相談を担当している臨床心理士は，担任などの保育者との連携とともに，保護者の気持ちを大切にしつつ，気づきを支援していくことが求められる。

AとB　正しい（○）。まずは，保育園の担任から話を聞いて，A さんの概略を理解し，他方で園内での遊びや活動を観察したうえで，担任や保育者へのコンサルテーションを行うことが通常の支援活動となるであろう。

CとD　誤り（×）。こちらからAさんの面接を求めたり，他の保護者からAさんの情報を得るといった，支援者（臨床心理士）中心の動きは，時に保護者にとって土足で踏み込まれるような侵襲的な支援と受け止められるかもしれない。巡回相談という支援構造の範囲内での節度ある姿勢が求められる。

以上の理由から，

b，c，d，e は誤りで，正答は　a　となる。

問題 60……正答 d

発達障害の若者の就労支援には多面的なポイントがあるが，この問題は，臨床心理士としてのアセスメントや意思決定支援に関する実践について問うている。

AとB　誤り（×）。発達障害の青年の就労支援にあたっては，障害特性や適性についてアセスメントや評価が大切である。当事者の得手，不得手を把握しておくことは不可欠である。しかし，適性を第三者がアセスメントしたとしても，支援者がその結果に基づいて一方的に指導するのは倫理的に問題である。就労へのモチベーションを高めるためにも，本人の意思決定を尊重することが求められる。

ただし，いくら本人の希望や意思だからといっても，客観的には困難だと判断される仕事をあえて支援者が後押しする関わりは，その後の展開を考えると妥当ではない。

CとD　正しい（○）。利用者が適切な自己決定をするには，狭い視点からの判断にならないように，自らの特性や能力について自己理解を促進するサポートや，本人にマッチする社会資源などの情報提供も必要となる。「意思決定支援」の視点が欠かせない。

本問とはズレるが大事な点を補足する。いわゆる障害者総合支援法に基づいて就労支援の福祉制度がある。就労移行支援，就労継続支援A型，就労継続支援B型について，臨床心理士も知っておくべき知識である。

以上の理由から，

a，b，c，eは誤りで，正答は　d　となる。

問題 68……正答 c

米国のSullivan, H. S. による「対人関係精神分析（interpersonal psychoanalysis）」の基本的な考え方や概念について問うた問題である。対人関係学派の理論は，まず不安に注目し，不安から回避するための対人関係のあり方（安全保障操作），そして，その操作による対人関係の歪み（パラタクシス）が生じること，最終的には，パラタクシスな歪みからの修復といった一連のプロセスで捉えることができる。この流れを把握しているかどうかを尋ねている。

Sullivan は，人と人との関係において不安（A）が生じ，その不安を回避するために，防衛機制という用語ではなく，安全保障操作（security operation）（B）という概念を用いて説明をした。人が不安を回避するために自己組織が作り出すさまざまな回避の操作のことを，Sullivan は安全保障操作と呼んだ。

Sullivan は，精神分析の用語である「転移」という言葉を用いず，人と人との関係の歪んだ捉え方のことをパラタクシス（C）と呼んだ。これは，不安を回避するためのパターンを，いろいろな人との間で無差別に援用させてしまうからである。

また彼は，思春期に入るまでの，８歳半から遅くとも 11～12 歳に始まり，数カ月から２～３年にわたる時期を前青春期と呼び，相手の幸福が自分の幸福と同じくらい大切だと感じる親密性を体験するチャムシップ（親友関係）（D）があることを明らかにした。そのチャムシップは，子どもが成長する過程において，他者と共有されずに独自の偏りを含んだ体験様式であるパラタクシスの歪みを修正する役割を有している。

以上の理由から，

a，b，d，e は誤りで，正答は　c　となる。

問題 70……正答 c

この問題は強迫性障害に対して認知行動療法を適用する際の留意点について問うている。背景には「根拠に基づいた実践（EBP)」の理念がある。心理療法やカウンセリングの実践においては，強迫性障害には○○法が推奨されているから，それをクライエントに適用すれば正解という単純な手順で行えるわけではない。エビデンス（根拠）の吟味，クライエントの意思や希望，セラピストが習熟している技術のレパートリーという三つの要素を考慮しなければならない。

A　誤り（×）。エビデンスに基づいた実践は，クライエントを無視してただ単純にデータに従って行うことではなく，目の前のクライエントのことを十分に考慮して，希望も確かめて，適用できるかどうかを判断することが求められる。

B　正しい（○）。臨床心理士としては，本人の長所や強み，また問題に関連した点についても例外（症状が出現しない状況など）を探す。長所や強みを見つけることは，クライエントの問題以外の側面を知るためにも重要である。

C　正しい（○）。支援方法を選択する上では臨床心理士の獲得している臨床技能も重要な要因となる。エビデンスに基づいた実践では，自身の臨床経験や限界も吟味した上でクライエントに介入方法を提案することが求められる。

D　誤り（×）。エビデンスが確認されていない方法には効果がないという証拠はない。また，エビデンスが実証されている治療が，目の前のクライエントに最良の結果をもたらすという保証もない。臨床研究のエビデンスはあくまで重要な情報として参考にし，クライエントの希望を尊重しつつ意思決定を図ることが求められる。

以上の理由から，

a，b，d，eは誤りで，正答は　c　となる。

問題 71……正答 e

強迫症をもつクライエントの問題は，しばしば家族のサポートによって症状が維持されていることがある。家族はクライエントの苦悩が一時的にでも和らいだり，状態が落ち着いたりする手伝いをすることが悪循環を招いていることに薄々気づいていても，どうしてよいかわからなくなっている。

A　**正しい（○）**。本事例では，家族に対する「巻き込み型」の強迫症への関わり方について問うている。前述の悪循環を断ち切るためには，丁寧かつ慎重にメカニズムを説明したり，巻き込まれている家族へのサポートを行ったりすることが必要となろう。

B　**誤り（×）**。家族から情報を聞く際には，インフォームド・コンセントを得て，クライエントとの信頼関係を損なわないように配慮して行わねばならない。

C　**誤り（×）**。クライエント自身が巻き込みを行っている場合には，自身の症状の苦しみから家族に対して横暴な態度になっていることも見られがちである。クライエント本人に家族への働きかけを直接的に行わせることは安易に勧めても成功しない。

D　**正しい（○）**。適切な対応といえる。

以上の理由から，

a，b，c，dは誤りで，正答は　e　となる。

問題 73……正答 a

大正時代に，森田正馬によって創始された森田療法は，内観療法とともに日本生まれの心理療法としてよく知られている。森田神経質と称される神経症水準のクライエント・患者に用いられてきた。

近年，森田療法の入院施設の閉院に伴って，外来で森田療法を行うクリニックが増加してきた。また，森田療法には自助グループ（self-help group）による展開がある。たとえば「生活の発見会」などがある。

A　**正しい（○）**。森田療法は，外来療法，日記・通信療法，自助グループというような多様な形態で行われている。

B　**誤り（×）**。自助グループは森田正馬の原法にはなく，前述のように，森田以後に発展した。自助グループの目的は，森田療法の考えを学ぶ場であると同時に，不安を抱えて苦しんでいる人が，同じような悩みをもつ人々とともに対話を重ね，助け合うことにある。

C　正しい（○）。治療初期では，治療者はイメージと現実を分ける介入を行う。この介入は強迫性障害，慢性抑うつの患者に有効である。自分自身の五感を信じること，自分の決めつけたイメージと現実（直接経験）を分けること，そしてシミュレーション（予期不安）を棚上げして，現実世界に踏み出すことを勧める。

D　誤り（×）。森田療法の基本は，クライエントが症状へのとらわれから脱して「あるがまま」の心の姿勢を大切にする。「あるがまま」の姿勢とは，不安や症状を排除しようとする行動や心のやりくり（「はからい」）をやめ，そのままにしておく態度を養うこと，言い換えれば不安な感情をコントロールすることを目指さない態度である。

以上の理由から，

b，c，d，eは誤りで，正答は　a　となる。

問題 74……正答 e

力動的心理療法，または精神分析的心理療法における臨床場面の理解の軸に転移と逆転移に関わる対人的な事態への眼差しがある。臨床心理士とクライエントが出会い，面接関係を発展させていく過程で，対人的な場のひずみが生まれてくるかもしれない。教科書的には，転移とはクライエント側が過去の対人関係を投影してくるのであるが，時にはセラピスト側から持ち込むこともある。

A　誤り（×）。分析状況は，中立性を維持しようとするので転移が比較的濁りのない形で顕在化しやすい。他方，日常の対人関係でも歪みが生じる局面では広義の転移・逆転移関係がしばしば起こっているとみなしうる。

B　正しい（○）。プレコックス感とはオランダの精神科医 Rumke, H. C. が命名した言葉である。統合失調症の人と対面した際に経験する，セラピスト側の内面に起こる，言葉で表現しにくい独特な感情，あるいは奇妙な緊張感などの情緒的経験を指している。この独特な経験は統合失調症の人との間に生じている対人の場を知覚した際の自然な逆転移反応の一つとみなせる。

C　正しい（○）。過去問にも何度か登場したように，実際上，セラピストも逆転移を完全にはコントロールできない。逆転移の生起が問題なのではなく，むしろ面接関係でセラピストの内面に起こってくる逆転移反応を内的センサーにして，クライエント理解の一助とするという考え方が主流である。ひと言でいうと「逆転移の治療的利用」である。

D　正しい（○）。転移とは，クライエントの生活史における過去経験の反映，ないしは投影とも考えられてきたが，現代の治療的な扱い方としては，「今，ここで」のリアルな対人経験として具体的に扱うのが基本である。

以上の理由から，

a，b，c，dは誤りで，正答は　e　となる。

問題76……正答d

フォーカシング指向心理療法に関する問題である。Gendlin, E. T. はフォーカシングをカウンセリングの過程に取り入れた。それがフォーカシング指向心理療法（Focusing-Oriented Psychotherapy）である。

A　誤り（×）。フェルトセンスは，フォーカシングにおける基礎・基本の用語である。felt sense という原語で示唆されるように，「前言語的・前概念的」なもので，「概念的・言語的な領域」ではない。

B　誤り（×）。体験過程（experiencing）は，体験の「プロセスないし働き」を指すもので，「単位となった体験」を指すものではない。暗々裏に感じられる流れを意味し，けっして「外から客観的に観察されたり説明されたりするもの」ではない。

C　誤り（×）。言葉や文字や絵などに表現する象徴化を行っても，必ずしも適切な象徴となるとは限らない。一つの象徴が表出された瞬間にはフェルトセンスは変化しており，新たなフェルトセンスを生む。このフェルトセンスに言葉などで象徴化を行って，よりフェルトセンスに近い象徴を表出して，より適切な象徴化を試みることになる。このようなプロセスは「ジグザグ」と表現される。

D　正しい（〇）。ハンドルはカバンの取っ手のようなものを指す。象徴化がうまくいったということは，フェルトセンスにハンドルがついて，フェルトセンスを見失いにくくなったということである。

以上の理由から，

a，b，c，eは誤りで，正答は　d　となる。

問題 77……正答 b

多様な家族療法の中の家族合同面接に関する基礎的な問題である。

A　正しい（〇）。誰がどこに座るか，誰から話し始めるかを観察することは，家族の勢力関係や結びつきなど，家族の構造をアセスメントするうえで，大切である。

B　正しい（〇）。家族の言葉づかいや独特の表現を取り入れながら，面接を進めていくことはジョイニング（joining）といわれる家族療法の基本的な方法である。

C　誤り（×）。その場での家族のやりとりに注意を向けることよりも，話の内容に注意するというのは誤りである。合同面接の重要性は，その場でのやりとりを直接観察したり，介入できたりすることである。

D　正しい（〇）。家族成員の皆に「公平に肩入れすること」で中立性を保つ姿勢を持つことは，家族療法の一つの方法である。臨床心理士が家族成員の誰かのみに肩入れした場合，その他の家族成員が次の面接を拒否する可能性が出てくるので注意が必要である。

以上の理由から，

a，c，d，eは誤りで，正答は　b　となる。

問題78……正答d

解決志向ブリーフセラピー（SFBT）に関する問題である。

A　正しい（○）。SFBTでは，解決構築のために，クライエントが求める未来像を明らかにし，その未来像に向けてウェルフォームド・ゴールを設定する。

B　誤り（×）。SFBTでは，「原因が何か」ではなく「今ここで何が起きているのか，コミュニケーション（相互作用）の変化を促し問題を解決していく」という点を重視する。原因探しをせず，すでに解決できている部分を探す。「うまくいかないとき」の条件を丁寧に査定することに重きを置かない。

CとD　正しい（○）。クライエントのできている点，リソース（資源）や強みを活かしつつ，セラピストとクライエントが協力していく。そのための技法として，例外さがし，ミラクル・クエスチョン，コーピング・クエスチョン，コンプリメント（称揚）などを用いる。なお，例外（exeption）探しの技法とは，うまくいかない状況の中で，少しでもうまくいった経験を思い出してもらって，解決のヒントを探していくことである。

以上の理由から，

a，b，c，eは誤りで，正解は　d　となる。

問題86……正答b

「過労死等」が社会問題としてクローズアップされており，法の整備が進んでいる。その中で，労働者の安全に関する知識が求められており，特に臨床心理士は，メンタルヘルスに問題が生じている労働者への関与を求められる立場にある。本問題は，このような労働者の安全に関する法律やガイドラインについての知識を問うものである。

A　**正しい（○）。**過労死等防止対策推進法の第2条において，過労死等が定義されている。

B　**誤り（×）。**ワークライフバランスとは，仕事（ワーク）と生活（ライフ）の調和・バランスを図ることである。

C　**正しい（○）。**ストレスチェックの目的は，労働者がメンタルヘルス不調になることを未然に防止するという一次予防である。メンタルヘルスに問題が生じた労働者の早期発見・早期対処を行う二次予防を目的としているのではない。

D　**誤り（×）。**時間外・休日労働時間については，月45時間以内に収めることが望ましいとするガイドラインが厚生労働省から呈示されている。また，本人のミスによるかどうかなどの理由にかかわらず，長時間労働を避けることが望ましい。

以上の理由から，

a，c，d，eは誤りで，正答は　b　となる。

問題87……正答d

臨床心理士の業務の一つである，臨床心理的地域援助の基礎を問う問題である。災害支援などを契機に，地域における臨床心理士の活躍が，ますます期待されるようになってきている。本問では，地域のニーズに合わせた，より柔軟な支援を提供するための基礎知識を問うている。

A　**誤り（×）。**これはネットワーキングにかかわる記述である。エンパワーメントとはクライエントがその生活の中でよりいっそうの統制をもつことができるようにすることをいう。

B　**正しい（○）。**家庭や学校，あるいは職場の人間関係は，しばしば大きなストレッサーとなるが，その反面，心身の健康を守る働きもある。この人間関係の肯定的な側面に注目したのがソーシャルサポート理論である。

C　誤り（×）。これはエンパワーメントにかかわる記述である。ネットワーキングとは他者とのつながりを形成するプロセスである。

D　正しい（○）。Caplan, G. は，予防についての3レベル・モデルを提示している。第一次予防とは，健康な人を健康のままに保つことに狙いを定めた予防である。第二次予防とは，問題が深刻化することを防ぐことに狙いを定めた予防である。さらに，第三次予防とは，再発を防ぐことに狙いを定めた予防である。

以上の理由から，

a，b，c，eは誤りで，正答は　d　となる。

問題94……正答a

少年事件がどのようにあつかわれるのかについて，スクールカウンセラーなどの青少年の問題行動を扱う臨床心理士は，正確な知識を有している必要がある。

本問は，14歳未満の触法少年と14歳以上の犯罪少年では扱いが異なること，平成19年の少年法改正により少年院送致の下限年齢が引き下げられたことについての知識の有無を問うている。

また，平成12年の少年法改正により導入された，いわゆる「原則検察官送致（逆送）制度」は，社会一般にも広く知られている制度である。

a　正しい（○）。14歳に満たないで刑罰法令に触れる行為をした少年は，触法少年である（少年法第3条第1項第2号）。触法少年は犯罪を犯した者ではないので，「捜査」を行うことはできないが，平成19年の少年法改正により，警察の「調査」の権限が規定され，事件について調査することができるとされている（少年法第6条の2第1項）。

b　誤り（×）。警察は調査の結果，事件を児童相談所長に送致しなければならない（少年法第6条の6第1項）。これは，被害者が死亡した場合でも同じである。

c　**誤り（×）**。平成19年の少年法改正により，少年院に送致すべき少年の年齢の下限が「14歳以上」から「おおむね12歳以上」に引き下げられた。したがって，13歳であれば少年院送致となる可能性がある。

d　**誤り（×）**。現行の少年法では，どんな軽微な事件でも，すべてを家庭裁判所に送致しなければならないとしている（全件送致主義）（少年法第41条，第42条第1項）。

e　**誤り（×）**。原則として検察官送致決定をしなければならない場合の要件は，①故意の犯罪行為により被害者を死亡させた事件であること，②少年が犯行時16歳以上であること，とされている（少年法第20条第2項）。したがって，犯行時14歳であれば，この制度（原則検察官送致（逆送）制度）の対象とはならない。

以上の理由から，

b，c，d，eは誤りで，正答は　a　となる。

問題95……正答a

本問は，家庭裁判所に事件が送致された後に行われる家庭裁判所調査官による社会調査，少年鑑別所による鑑別，少年審判についての基本的な知識の有無を問うものである。

A　**正しい（○）**。家庭裁判所は，事件を受理したときは事件について調査しなければならないとされ（少年法第8条第1項），調査官に命じて，少年，保護者または参考人の取調べその他の必要な調査を行わせることができるとされている（少年法第8条第2項）。したがって，保護者への調査も行われる。

B　**誤り（×）**。少年鑑別所は審判前の少年の観護措置の施設であり，少年院のような矯正教育の施設ではない。再非行防止のためのカウンセリングは行われない。

C　**誤り（×）**。少年鑑別所が行う鑑別とは，「医学，心理学，教育学，社会学その他の専門的知識及び技術に基づき，鑑別対象者について，その非行又は犯罪に影響を及ぼした資質上及び環境上問題となる事情を明らかにした上，その事情の改善に寄与するため，その者の処遇に資する適切な指針を示すものとする」とされている（少年鑑別所法第16条)。つまり，鑑別は，非行・犯罪の背景を明らかにするものであり，責任能力の有無を明らかにするものではない。責任能力を明らかにするのは精神鑑定である。

D　**正しい（○）**。少年審判規則第25条第2項に「審判期日には，少年及び保護者を呼び出さなければならない」とあることから，審判には保護者も出席し，審判に関与することになる。

以上の理由から，

b，c，d，eは誤りで，正答は　a　となる。

問題96……正答c

本問は，家庭裁判所の審判によって決定される保護処分の種類や少年院の種類，保護観察の基幹についての基本的な知識の有無を問うものである。少年院法が平成26年に改正され，少年院の種類は，初等，中等，特別，医療の4種類から，第1種，第2種，第3種，第4種に変わっているが，そのことを知っていれば，いずれの設問もさほど難しい問題ではない。

A　**誤り（×）**。保護処分の種類は少年法第24条第1項第1号から第3号に規定されており，保護観察所における保護観察，児童自立支援施設送致または児童養護施設送致，少年院送致の3種類である。試験観察は，最終的に保護処分を決定するために必要と認められるときにとられる中間的な措置である（少年法第25条第1項)。

B　**正しい（○）**。少年院の種類は少年院法第4条に規定されている。現行少年法は平成26年に改正されたものであり，旧少年院法では，初等・中等・特別・医療の4種類であったものが，現行少年院法では，心身の障害，年齢の違いにより，第1種・第2種・第3種・第4種の4種類とされた。

C　**正しい（○）**。第1種少年院は，「心身に著しい障害がないおおむね12歳以上23歳未満のもの」を収容するとされている。第2種少年院は，「心身に著しい障害がない犯罪的傾向が進んだおおむね16歳以上23歳未満」，第3種少年院は「心身に著しい障害があるおおむね12歳以上26歳未満」，第4種は「少年院において刑の執行をうける者」となっているので，中学生であるAさんは，少年院送致の場合，第1種となる。

D　**誤り（×）**。保護観察の期間は，保護観察処分を受ける少年が原則20歳に達するまでである（更生保護法第66条）。中学生であるAさんの保護観察の期間は，2年よりも長い期間になる。なお，「保護観察所の長は，保護観察処分少年について保護観察を継続する必要がなくなったと認めるときは，保護観察を解除するものとする」ということが規定されている（更正保護法第69条）。

以上の理由から，

a，b，d，eは誤りで，正答は　c　となる。

問題98……正答a

特別支援教育の展開に伴い，学校臨床心理士の役割はさらに重要なものとなってきている。学校内における他職種と臨床心理士との連携・協働を進めるに際して何に留意すべきかを問う問題である。

A　**誤り（×）**。WISC-Ⅳのような心理検査を用いてアセスメントを行うことは重要であるが，実施に際しては，その必要性と意味について本人および保護者に十分説明し，了解を得ることが前提となる。その過程を経ずに，初期対応として心理検査を実施することは，その後の援助に支障を来す恐れがある。

B　正しい（○）。発達に偏りがあると考えられる児童生徒の場合，それまでの学校生活や家庭において，さまざまな困難が生じていることが多い。それらの情報を活用し，現在の本児の様子と重ね合わせることは，初期のアセスメントのために重要である。

C　誤り（×）。特別支援教育コーディネーターは，児童生徒の学校生活がよりよいものとなるよう，関係教員・学校臨床心理士などの専門職・児童生徒本人や家族の間の橋渡しをする役割を担っている。その際，学校臨床心理士と特別支援教育コーディネーターは，情報を共有して協働することが必要である。

D　誤り（×）。発達に偏りがあると考えられる児童生徒への援助を行う場合，保護者から本人の生育歴や家庭での状況を聞き取り，それらを援助に生かすことは重要である。その際には，保護者と学校教職員が協力して児童生徒のことを考えていく関係を作ることが求められる。学校臨床心理士が保護者と連絡を取る場合，急がずに，保護者と学校教職員の関係の進展に配慮して行うことが望ましい。

以上の理由から，

b，c，d，eは誤りで，正答は　a　となる。

問題99……正答d

不登校やいじめへの対応に際し，学校臨床心理士が教員とどのように連携し，また，保護者にどのように対応することが必要となるかを問う問題である。不登校やいじめへの対応に際しては，保護者と学校が対立する事態も起きやすい。学校臨床心理士は，こうした対立の図式が生じないよう，その活動に工夫を凝らす必要がある。

A　誤り（×）。不登校には早期対応が効果的であることが指摘されているが，教育支援センター（適応指導教室）の利用は，本人，保護者，学校側が相談し，特に，本人の状況や意思を十分に確認した上で選択するものである。

B　正しい（○）。中学校は教科担任制を取っており，担任が本人の学校生活の状況の全体像を十分に把握することは難しい。まず，不登校に至るまでの経緯や，保護者の指摘するいじめがどのようなものなのか，教職員間で必要な情報収集と共有を行った上で対応することが必要となる。

C　誤り（×）。学校臨床心理士には，いじめへの対応が強く求められているのは確かである。しかし，いじめへの対応は担任をはじめとする教員と学校臨床心理士とが情報を共有し，学校全体として組織的に対応することが必須であり，担任の役割は，保護者や本人との関係の中でも，加害とされる児童生徒への指導においても，非常に大きい。

D　正しい（○）。担任が直接時間を取って保護者と面談し，保護者から本人の状況や本人の学校生活に対する不安を聴き取る。その際，今後の指導や援助について，保護者とともに考えていくための基盤となる信頼関係を作ることが重要である。

以上の理由から，

a，b，c，eは誤りで，正答は　d　となる。

問題100……正答a

不登校だった児童生徒が教室に復帰する際に，学校教職員が配慮するべき諸点と，学校臨床心理士が求められる働きかけについての理解を問う問題である。不登校の期間が長くなればなるほど，児童生徒はクラス内の友人関係にうまく戻ることができるか，また，学習面やその後の進路はどうなるのかといったことについて，不安を抱くことになる。したがって，復帰から学校生活が安定するまでの期間においては，学校側には児童生徒の緊張や不安に十分に配慮することが求められる。

A　正しい（○）。不登校から教室に復帰する際には，学習面での遅れを不安に感じている児童生徒は多く，学習面における本人の状況に合わせた支援を検討することが必要となる。

B　誤り（×）。教室復帰の際には，生徒の緊張や不安が非常に高まることが予想される。本人の意向を十分に尊重しつつ，可能な限り，自然な形で迎え入れることができるよう，担任をはじめ学校側には配慮が必要となる。

C　正しい（○）。教室への復帰をもって，不登校に至ったさまざまな状況がすべて解消されているとは考えにくい。本人も緊張と不安を抱えながら，学校生活を送ることになるから，教員の継続的な見守りが必要となる。

D　誤り（×）。教室への復帰に際して，本人は緊張と不安を抱えている。教室に居続けることが難しいと感じられた場合に休める場所があることは，本人の緊張や不安を低減させる効果があると考えられる。このため保健室の利用を制限・禁止するような働きかけは，適切とは言えない。

以上の理由から，

b，c，d，eは誤りで，正答は　a　となる。

公表試験問題の正答一覧

平成 29 年度

問題 1……e	問題 26……a	問題 46……b	問題 71……d
4……c	29……e	47……b	72……d
6……a	30……e	48……e	73……c
9……e	31……d	59……d	74……d
11……d	32……a	62……d	76……d
12……a	35……c	66……e	85……d
14……a	36……e	67……c	87……d
18……d	37……d	68……b	95……c
21……d	39……d	69……e	96……c
23……a	44……c	70……e	97……d

平成 30 年度

問題 1……d	問題 25……c	問題 57……c	問題 80……c
3……c	27……a	59……b	81……b
7……b	29……c	62……a	82……d
9……c	33……a	63……d	83……c
11……a	37……e	64……c	84……e
13……e	40……e	67……e	87……d
15……b	42……c	68……a	90……a
17……b	48……d	69……b	91……e
22……c	50……e	72……a	99……e
24……d	54……b	73……d	100……b

令和元年度

問題 1……a	問題 24……e	問題 51……e	問題 77……b
6……d	26……d	57……c	78……d
7……a	34……d	58……a	86……b
8……d	40……b	60……d	87……d
14……d	41……b	68……c	94……a
15……a	43……c	70……c	95……a
19……b	44……e	71……e	96……c
20……b	46……e	73……a	98……a
22……a	48……d	74……e	99……d
23……e	50……e	76……d	100……a

臨床心理士資格試験問題集５［平成 29 年～令和元年］

令和 3 年 6 月 10 日　第 1 刷発行
令和 6 年 1 月 25 日　第 3 刷発行

監　修　公益財団法人
日本臨床心理士
資格認定協会

発行者　柴　田　敏　樹
印刷者　西　澤　道　祐

発行所　株式会社　**誠　信　書　房**
〒112-0012　東京都文京区大塚 3-20-6
電　話 03 (3946) 5666 (代)
https://www.seishinshobo.co.jp/

印刷／あづま堂印刷　製本／創栄図書印刷　落丁・乱丁本はお取り替えいたします
検印省略

Printed in Japan　ISBN978-4-414-41681-7 C3011

お知らせとお願い

◆ 資格取得のための申請書類一式を希望の方は，下記の郵便振替口座に，1部につき1,500円送金して下されば，協会事務局よりお届けします。ただし，当該年度の試験が実施される約3カ月前の**7月上旬**から書類送付希望を受け付けます。なお，本書に添付の郵便振替用紙をご利用いただいても結構です。

郵便振替口座番号　00130-1-362959

加入者名　公益財団法人 日本臨床心理士資格認定協会

◆ 資格取得のための申請書類一式（当該年度版実施要項も含む）は，実施年度ごとに変更をみていますので，必ず当該年度の申請書類で手続をして下さい。

◆ 本書の内容，および資格取得に関するお問合せは，土，日，祝日を除き下記の協会事務局宛（9：30〜17：30）にお願いします。なお試験の詳細については，当該年度発行の『新・臨床心理士になるために』（誠信書房）を参照して下さい。

〒 113-0034　東京都文京区湯島１－10－５　湯島 D&Aビル３階
公益財団法人　日本臨床心理士資格認定協会　事務局
電話　03－3817－0020

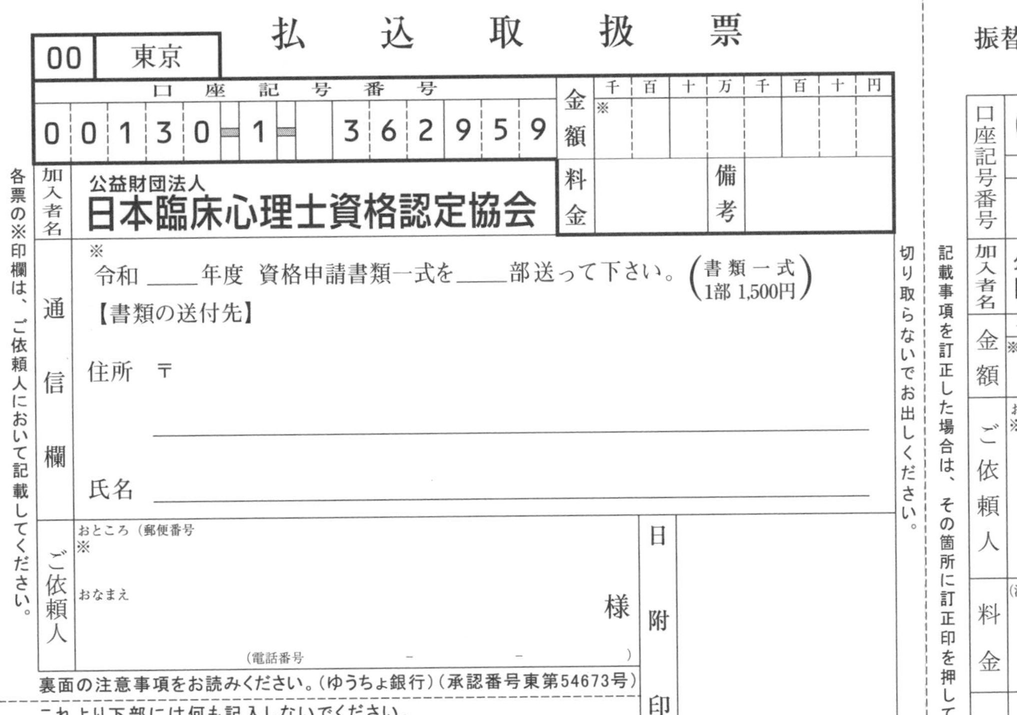

払込取扱票

00	東京

口座記号番号	0	0	1	3	0	-	1	-		3	6	2	9	5	9

金額	千	百	十	万	千	百	十	円
※								

加入者名　公益財団法人 **日本臨床心理士資格認定協会**

料金　　備考

通信欄
※
令和 ＿＿年度　資格申請書類一式を＿＿部送って下さい。（書類一式 1部 1,500円）
【書類の送付先】
住所　〒
氏名

ご依頼人
おところ（郵便番号
※
おなまえ　　様
（電話番号　　－　　－　　）

日附印

各票の※印欄は、ご依頼人において記載してください。

裏面の注意事項をお読みください。（ゆうちょ銀行）（承認番号東第54673号）

これより下部には何も記入しないでください。

切り取らないでお出しください。

記載事項を訂正した場合は、その箇所に訂正印を押してください。

振替払込請求書兼受領証

口座記号番号	0	0	1	3	0	-	1
		3	6	2	9	5	9

加入者名　公益財団法人 日本臨床心理士資格認定協会

金額	千	百	十	万	千	百	十	円
※								

ご依頼人
おなまえ
※
様

料金（消費税込み）　円

日附印

備考

この受領証は、大切に保管してください。

（ご注意）

・この用紙は、機械で処理しますので、金額を記入する際は、枠内にはっきりと記入してください。また、本票を汚したり、折り曲げたりしないでください。

・この用紙は、ゆうちょ銀行又は郵便局の払込機能付きATMでもご利用いただけます。

・この払込書を、ゆうちょ銀行又は郵便局の渉外員にお預けになるときは、引換えに預り証を必ずお受け取りください。

・この用紙による、払込料金は、ご依頼人様が負担することとなります。

・ご依頼人様からご提出いただきました払込書に記載されたおところ、おなまえ等は、加入者様に通知されます。

・この受領証は、払込みの証拠となるものですから大切に保管してください。

収入印紙

3万円以上
貼　付

印

この場所には、何も記載しないでください。